Michael Valaer

Johann von Planta

ein Beitrag zur politischen Geschichte Rhätiens im 16. Jahrhundert

Michael Valaer

Johann von Planta
ein Beitrag zur politischen Geschichte Rhätiens im 16. Jahrhundert

ISBN/EAN: 9783743479968

Hergestellt in Europa, USA, Kanada, Australien, Japan

Cover: Foto ©ninafisch / pixelio.de

Weitere Bücher finden Sie auf **www.hansebooks.com**

Johann von Planta.

Ein Beitrag

zur

politischen Geschichte Rhätiens im XVI. Jahrhundert.

Von

Dr. phil. **Michael Valær.**

Zürich
Druck und Verlag von F. Schulthess
1888.

Meinen hochverehrten Lehrern

Herrn Prof. Gerold Meyer v. Knonau

und

Herrn Prof. Dr. Georg v. Wyss

in aufrichtiger Dankbarkeit.

Vorrede.

Wenn der Historiker einen Stoff aus einer Epoche behandelt, deren Gegensätze noch heute nicht erloschen sind, wird er gut thun, sich von vornherein klar zu machen, wie schwierig es ist, zu wirklich unparteiischen Urtheilen zu gelangen.

Wohl behauptet der Laie etwa, es sei dazu nichts anderes nöthig, als die Quellen sprechen zu lassen und sich selbst völlig theilnahmlos zu verhalten. Allein die nämlichen Quellen sprechen eben zu verschiedenen Ohren verschieden.

Ganz besonders ist dies der Fall, wenn Streitfragen der Gegenwart noch die Beurtheilung der Vergangenheit beeinflussen, wie dies, in Bezug auf die Reformationsepoche, oft zu geschehen pflegt.

Moor, Kind und Bott haben sich gewiss redliche Mühe gegeben, den Katholiken gerecht zu werden. Der gute Wille allein aber reichte dazu nicht aus, weil in mancher Beziehung das nöthige Verständniss für die Bestrebungen der katholischen Minderheit unseres Kantons fehlte.

Lokalgeschichtliche Ereignisse können nur richtig beurtheilt werden, wenn wir genau wissen, in welchem Zusammenhange dieselben mit allgemeinen Verhältnissen stehen. So sind selbstverständlich die confessionellen Verhältnisse Rhätiens nur im Zusammenhang mit denjenigen in der Eidgenossenschaft und in Europa zu verstehen. Das haben auch die genannten rhätischen Historiker erkannt. Aber sie fallen in's andere Extrem.

Weil, namentlich in der zweiten Hälfte des XVI. Jahrhunderts, die Protestanten in Italien, Frankreich, Spanien etc. von den Katholiken verfolgt wurden, nehmen sie an, auch bei uns seien die letztern stets die provozirende Partei.

Die Unrichtigkeit dieser Ansicht ergibt sich bei näherm Nachdenken von selbst. Am Ruder waren bei uns seit 1526 die Reformirten und Thorheit wäre es, annehmen zu wollen, es seien dieselben ihrer Herrschaft nicht eben so sehr sich bewusst gewesen, wie in katholischen Landen die Gegenpartei.

Dazu spielte bei uns die reformirte Geistlichkeit eine politische Rolle, wie dies nur in Genf, während Calvins Lebzeiten, der Fall war.

Von diesen Gesichtspunkten aus beurtheilen wir in nachfolgender Arbeit diejenige Persönlichkeit, die im XVI. Jahrhundert von allen Bündnern am meisten unser Interesse erregt.

Johann von Planta ist bereits Gegenstand kritischer Untersuchung geworden. Im Jahr 1873 erschien über ihn eine Arbeit von Rector Bott sel. als Beilage zum Programm der Kantonschule.

Solche Beilagen haben stets den Zweck, anregend zu wirken, keineswegs aber den, einen Gegenstand erschöpfend behandeln. So verdankt denn auch unsere Arbeit ihre Entstehung der aus Bott's Abhandlung hervorgegangenen Anregung, wie sehr sie im Einzelnen von derselben abweicht.

Möge sie von protestantischen und katholischen Lesern aufgefasst werden als ein Versuch, einen Abschnitt rhätischer Geschichte, der zu den eigentlichen Bündnerwirren im XVII. Jahrhundert in engster Beziehung steht, wirklich objektiv darzustellen.

Der Verfasser.

Johann von Planta.

Quellenangabe.

A. Gedruckte.

1) **Ulrich Campell's** zwei Bücher rhätischer Geschichte, übersetzt von *Th. v. Moor*, im Archiv für die Geschichte Graubündens.   Citirt: *Campell I. Bd. u. 2. Bd.*
2) **Sprecher Fortunat:** Rhätische Chronica.
                     Citirt: *Sprecher pag.:*
3) **Jeklin:** Urkunden zur Verfassungsgeschichte Graubündens.
                     Citirt: *Jeklin pag.:*
4) **Eidgenössische Abschiede.** Davon wurden benutzt *IV* 1. a. und *IV* 2. a. und b. Abth. Samml. ält. Absch.
5) **Anzeiger für Schweizergeschichte.** Laufender Jahrgang (1888) Nr. 2.   Citirt: *Anzeiger pag.:*

B. Ungedruckte.

1) **Im Staatsarchiv Zürich.**   Citirt: *St. Zür.* Daraus
     a. Copien in der Stadtbibliothek in der sogenannten **Simler'schen Sammlung.**
                 Citirt: *Siml. Samml.*
       Es kommt dabei hauptsächlich in Betracht der Briefwechsel zwischen Pfr. **Egli** und **Bullinger** in Zürich.
     b. **Amtliche** und **private** Schreiben im Staatsarchiv.
                 Citirt: *St. Zür.* mit Angabe des Datums.
2) **Im Staatsarchiv Luzern.**   Citirt: *St. Luz.* Briefe, Prozessakten etc.
3) **Im Staatsarchiv Chur.**   Citirt: *St. Chur.*
     a. **Abschiede** des Bei- und Bundestages.
     b. **Briefe.**

4) In der Graubündner Kantonsbibliothek.
   a. **Burglehner's Rätia austriaca.**
   Citirt: *Rätia austr. fol.*
   b. **Päpstliche Bulle.** Copirt aus Campell. (Original.)
5) Im Staatsarchiv Innsbruck. Citirt: *St. Innsbr.* Mehrere Briefe.

C. Von Bearbeitungen
wurden hauptsächlich in Betracht gezogen:

1) **Dr. Johann Planta und seine Zeit** von Rektor *J. Bott.* Beilage zum Programm der bündnerischen Kantonsschule. 1873
2) **Die Reformation in den Bisthümern Chur und Como** von *Christ. Imm Kind.* Citirt: *Kind pag.:*
3) **Geschichte von Currätien und der Republik gemeiner drei Bünde** von *Conradin v. Moor.*
   Citirt: *Moor pag.:*
4) Oft citirt wird auch, namentlich im ersten Viertel der Arbeit: **Die currätischen Herrschaften in der Feudalzeit** von Dr. *P. C. Planta.*

Die übrigen Werke, auf die wir uns beziehen, finden sich jeweilen mit vollem Titel.

Johann von Planta.

Ein Beitrag zur politischen Geschichte Rhätiens
im 16. Jahrhundert.

Einleitung.

n die Person des Johann von Planta, Herrn von
Rhäzüns und Hohentrins, knüpfen sich die wichtigsten
politischen Ereignisse Rhätiens im XVI. Jahrhundert.
Da zudem die Nachrichten über sein Privatleben eher dürftiger
Natur sind, ergibt es sich von selbst, dass unsere Arbeit mehr
ein Beitrag zur politischen Geschichte Graubündens sein wird,
als eine vollständige Biographie des Mannes, der, ähnlich
wie im folgenden Jahrhundert Jenatsch, bei uns eine Zeit
lang eine gewaltige politische Rolle spielte, um dann plötzlich
von seiner Höhe heruntergestürzt zu werden.

Eine Orientirung innerhalb der politischen und kirch-
lichen Verhältnisse Europas (West- und Mitteleuropas) und
der Schweiz im XVI. Jahrhundert müssen wir dabei voraus-
schicken; denn nur dann verstehen wir die allgemeine Lage
Graubündens und je besser wir den Boden kennen, auf dem
die innern Kämpfe Graubündens in unserer Periode sich ab-
spielen, um so besser werden wir natürlich die Handlungen
und Absichten eines Parteiführers jener Tage — eben des
genannten Johann von Planta — begreifen.

Ein schweizerischer Geschichtsschreiber[1] vergleicht die allgemeinen Gegensätze, die Europa im XVI. Jahrhundert erfüllten, mit denjenigen, die das Mittelalter zur Zeit der Hohenstaufen in zwei grosse Heerlager schieden. Der Vergleich ist einerseits ein sehr zutreffender. In beiden Epochen haben wir auf der einen Seite die katholische Kirche mit unerschütterlichen Ansprüchen auf die Weltherrschaft; auf der andern die weltlichen Fürsten und Völker in bunter Mischung, die gegen diese ankämpfen.

Aber im XVI. Jahrhundert sind die entscheidenden Faktoren mehr und öfters rein religiöser als politischer Natur. Einzig, so lange man hüben und drüben noch glaubte, es müsse in religiöser Beziehung früher oder später zu einer Aussöhnung kommen, waren auch im XVI. Jahrhundert die politischen, Convenienz-Gesichtspunkte die vorherrschenden.

Es war diese Zeit auch die gefährlichste für den Besitzstand der katholischen Kirche, die Zeit, in welcher konservative und liberale Staatsmänner sich die Hand reichten, um die weltliche Herrschaft der Kirche zu beschränken, ihre Güter an sich zu reissen.

Nach dem Schluss des Tridentinerkonzils aber änderten sich die Verhältnisse gewaltig. Der Katholizismus, der Jahrzehnte lang die Stürme der Reformation fast widerstandslos über sich hatte ergehen lassen[2], raffte sich gewaltig auf, es begann die Gegenreformation.

Bei der Neugestaltung der europäischen Staaten ordnete sich die katholische wie die protestantische Kirche der fürstlichen Gewalt wenigstens scheinbar unter und den Protestantismus bewahrte diese innige Verbindung mit der weltlichen Gewalt vor dem Schicksal der antipäpstlichen Partei im Mittelalter. Aber naturgemäss musste der Kampf um so leidenschaftlicher werden, je mehr auf beiden Seiten ab-

---

[1] Segesser in seinem Werk: Ludwig Pfyffer und seine Zeit.
[2] Denn was waren alle Proteste Roms in einer Zeit, in welcher einzig schleunige innere Reformen helfen konnten?

geschlossene Kirchen mit durchaus verschiedenen Rechtsbegriffen zu einem fast geschlossenen Ganzen mit dem Staate zusammengewachsen waren.

So herrschen seit 1565 etwa bis zur Mitte des folgenden Jahrhunderts in der europäischen Politik die religiösen Gesichtspunkte vor, ohne aber gerade die alleinige Herrschaft zu erlangen, wie sich das besonders bei Frankreich zeigt.

Freilich spielte Frankreich dabei eine Doppelrolle; auf der einen Seite unterstützte es die Protestanten anderer Länder, auf der andern verfolgte es die eigenen mit aller Kraft. Dieser Umstand gibt denn auch den politischen Verhältnissen, ganz speziell in der 2. Hälfte des XVI. Jahrhunderts, ein unklares, unnatürliches Gepräge.

Die Verbündeten Frankreichs, die XIII Orte der Eidgenossenschaft und damit auch Graubünden, wussten oft nicht, wessen sie sich bei ihrem Alliirten zu versehen hätten, und so konnte es vorkommen, dass protestantische Schweizer gegen die Hugenotten Frankreichs kämpften.

Um die ganze Politik der Schweiz in jener Zeit zu verstehen, müssen wir uns erinnern, dass dieselbe ursprünglich ein Bestandtheil des deutschen Reiches war.

So lange auf dem deutschen Kaiserthron antihabsburgische Kaiser sassen, hatte die Schweiz stets einen Rückhalt an denselben gegen die Ländergier Oesterreichs. Mit dem Moment aber, in welchem die Habsburger, nach mehr als hundertjähriger Unterbrechung, wieder die Kaiserkrone erlangten, wurde die Sache für die Schweiz bedenklicher. Es zeigte sich dies vor allem im Schwabenkriege, als Maximilian I. als deutscher Kaiser und Erzherzog von Oesterreich die Eidgenossen und die drei Bünde angriff. Es ist daher nicht zu verwundern, wenn sich die Schweiz nach einem Bundesgenossen umsah und denselben in seiner westlichen Nachbarmacht, in Frankreich fand (endgültig seit 1521).

Die Sympathien der Schweiz für Frankreich sind also alt und historisch betrachtet für lange Zeit wohlbegründet, eben sowohl wie die Abneigung gegen die «Schwaben». Jedenfalls aber hat sich die Schweiz dann in verschiedener Beziehung zu sehr von Frankreich umschlingen lassen.

Noch mehr gilt dies von Graubünden. Die Republik der drei Bünde oder der 25 Hochgerichte hatte ihrer Pässe wegen eine viel schwierigere Stellung als die Eidgenossenschaft und war zudem in kritischen Momenten vollständig auf sich selbst angewiesen, obschon zwei ihrer Bünde seit 1497 und 98 mit den sieben Orten verbündet waren. — Gerade die konfessionellen Verhältnisse mussten es mit sich bringen, dass Graubünden in gewissen Fällen auch auf Zürich, das in gewöhnlichen Zeiten einen grossen Einfluss auf den Gotteshaus- und Zehngerichtenbund ausübte, nicht zählen konnte. Innerhalb der VII Orte lag ja der Schwerpunkt des politischen Einflusses nicht bei Zürich, sondern bei den V Orten.

Wenn daher schon im XVI. Jahrhundert in Graubünden Spanien-Oesterreich seine Anhänger selbst unter Protestanten hatte, wird es sich doch wohl sehr fragen, ob diese Partei, auch vom streng protestantischen Standpunkte aus, einfach nur zu verurtheilen ist [1].

Es haben im Reformationszeitalter protestantische und deutsche Fürsten stets ihre Allianzen nach dem jeweiligen Stand der Verhältnisse, ohne Rücksicht auf die Konfession, gewählt und sind dabei gut gefahren; für Graubünden aber war es äusserst gefährlich, den mächtigen Nachbar unaufhörlich durch konsequentes Festhalten am Bündniss mit Frankreich zu reizen, zumal es eben doch nicht ganz reformirt geworden war, was freilich ein grosses Glück gewesen wäre; ein konfessionell getrennter Staat mit Unterthanengebiet, an so wichtigen Pässen liegend, war ein «Unding», so dass es in Graubünden in politischer Beziehung immer nur einen relativ berechtigten Standpunkt gibt.

Was die religiösen Zustände anbetrifft, so mögen hier einleitend folgende Bemerkungen genügen.

---

[1] Im folgenden Jahrhundert hat der Anschluss an Spanien Graubünden das Veltlin gerettet, ohne den Protestantismus zu gefährden.

Das Konzil zu Trident (1545—63) brachte wenigstens die Reformen zu Stande, deren Unterlassung den äussern Anlass zur Bewegung gegeben, eine Reform auch des katholischen Klerus. An die Stelle der Zuchtlosigkeit und Unwissenheit desselben sollte ein neuer wissenschaftlicher Geist treten, und wenigstens theilweise wurde dies jetzt verwirklicht.

Die Macht des Papstes ging sogar erweitert und geschärft aus dem Kampfe hervor; wieder liefen alle Fäden der so gelockerten und wie es geschienen für immer erschütterten Disziplin in Rom zusammen[1]. Selbstverständlich konnte auch der schweizerische Katholizismus von diesem gewaltigen Aufschwunge nicht unberührt bleiben.

Eine ausserordentliche Rührigkeit und Thätigkeit wurde auch hier überall entwickelt, um für den Katholizismus zu retten, was noch zu retten war, an Gläubigen, wie an Glücksgütern. Der schweizerische Katholizismus zählte damals eine Anzahl hervorragender Führer, wie Aegidius Tschudi in Glarus, Melchior Lussi in Unterwalden, Kaspar Ab Yberg in Schwyz, Ludwig Pfyffer in Luzern[2] und eben unsern Johann von Planta in Graubünden.

Hand in Hand mit diesem wirklichen Aufschwunge innerhalb der katholischen Kirche, ging aber auch jene grosse Unduldsamkeit gegen die Andersgläubigen, die uns die sonst unbefleckten Bilder der damaligen Leiter der katholischen Kirche, eines Borromäus und Ghislieri, in gar düstern Rahmen zeigt. Es begannen die grausige Thätigkeit der Jesuiten und der Inquisition.

Eine derartige Aufraffung der katholischen Kirche musste zu neuen Kämpfen führen.

In Graubünden nahmen diese neuen Reibungen einen um so leidenschaftlichern Charakter an, als eine unglückselige Verkettung von Umständen die höchsten Würdenträger der

---

[1] Ranke: Geschichte der Päpste III pag. 227.
[2] Dändliker II pag. 582.

katholischen Kirche in eine Verbindung mit Rhätien gebracht hatte, die bittere Gefühle zurückliess.

Johann Angelo Medici, als Papst Pius IV., der das Konzil zu Trident mit grossem Geschick zu Ende führte, war der Bruder jenes Jakob Medici, der vom Schloss Mus (am Comersee) aus die Bündner so lange beunruhigt hatte; er war es, der 1529 Bischof von Chur hätte werden sollen, was schon einem angesehenen Bündner, dem Abt von St. Luzi, Theodor Schlegel, den Kopf gekostet hatte.

Neffe Pius' IV., war Carlo Borromeo, zur Zeit von Plantas Sturz die rechte Hand des neuen Papstes, Pius V. Dieser selbst mit seinem Familiennamen Michele Ghislieri genannt, war päpstlicher Inquisitor im Veltlin, bevor er den päpstlichen Stuhl bestieg, und hatte daselbst die Hartnäckigkeit, die Konsequenz und den Muth eines Mannes bewiesen, der entschlossen ist, an seine Ziele alles zu setzen [1].

Betrachten wir zum Schluss dieser einleitenden Bemerkungen den Stand der religiösen Fragen mit Rücksicht auf Graubünden noch etwas spezieller.

Schon seit 1526 bestand hier völlige Religionsfreiheit und erfolgte der Uebertritt zur Reform durch Beschluss der einzelnen Gemeinden, wobei die Minderheit nicht verpflichtet war, sich der Mehrheit zu fügen, es aber in der Regel that [2].

In völligem Widerspruch mit diesem äusserst liberalen Gesetze von 1526 waren die sogenannten 20 Artikel des gleichen Jahres, wenigstens für das spätere friedliche Zusammenleben.

---

[1] Cesare Cantu sagt von ihm in seiner „Rivoluzione della Valtelina: Da questo Papa era però a sperar poco vantaggio per un odio particolare concepito dai Grigioni contro lui fin quando, essendo col nome di fra Michele Ghislieri inquisitore della diocese di Como etc. Ranke schildert ihn folgendermassen: Welch eine Mischung von Einfachheit, Edelmuth, persönlicher Strenge, hingebender Religiösität und herber Ausschliesslichkeit, bitterem Hass, blutiger Verfolgung. lib. III. pag. 244.

[2] Doch existiren heute noch einige paritätische Gemeinden; so Untervatz und Churwalden.

Auf der einen Seite proklamirte man den Grundsatz völliger Religionsfreiheit, auf der andern verbot man gleichzeitig den Klöstern die Aufnahme neuer Novizen.

Solche Beschlüsse sind nur erklärlich, wenn man bedenkt, dass noch niemand wusste, wohin die Bewegung eigentlich führe. Es war das absolut ein erster Versuch zu völliger Reformirung des ganzen Gebietes der drei Bünde. Leider blieb man dann auf halbem Wege stehen; denn so viel ist klar, entweder man musste, mit der Vergangenheit radikal brechend, im ganzen Gebiete der drei Bünde die Reformation durchführen, oder aber man durfte nicht so rücksichtslos gegen die katholische Kirche vorgehen[1]. An diesen innern Widersprüchen scheiterten dann in der Folge alle Hoffnungen auf ein friedliches Zusammenleben in den drei Bünden[2].

Dazu treten bald, nachdem die Reformation in einer Anzahl europäischer Staaten durchgedrungen oder wenigstens zum Theil Eingang gefunden hatte, die rein praktischen Fragen in den Vordergrund. So ist es immer, zuerst will etwas theoretisch erstritten, errungen sein, dann erst folgt die praktische Durchführung, welche oft grössere Kämpfe hervorruft als die eigentliche Hauptsache, die Ideen.

---

[1] An die Annahme der Ilanzerartikel knüpften sich auch weitgehende politische Hoffnungen, was manchen Katholiken denselben geneigt machen musste.

[2] Ferd. Meyer sagt (Schweiz. Museum für hist. Wissensch. II, a. 1838, pag. 218): „Ueberhaupt waren diese Artikel weniger noch um ihres buchstäblichen Inhaltes als um ihres Geistes willen, in dem sie vollzogen wurden, verletzend und verderblich. Darin lag das Gefährliche, dass die Vollziehung des grössten Theils in die Hand derer gelegt war, die aus diesen Neuerungen Gewinn zogen, in die Hand der einzelnen Gerichte und Gemeinden. So konnte jeder zugreifen, die Gier war erwacht, die Leidenschaft aufgeregt etc.

Wir schliessen uns dieser Beurtheilung völlig an und fügen hinzu, es waren dieselben besonders dann verletzend, wenn nicht alles reformirt wurde. 1524 hatte der Rath von Zürich die Klöster aufgehoben und das wirkte jedenfalls mit für das Zustandekommen

So waren denn die Gegensätze in Graubünden sehr gross geworden. Zwei Faktionen hatten, besonders seit den 40er und 50er Jahren, sich gebildet, die sich mit grosser Leidenschaftlichkeit bekämpften, und oft zur Erreichung ihrer Ziele in den Mitteln nicht wählerisch waren.

Auf der einen Seite stand die spanisch-österreichische Partei unter dem Protektorate des Papstes und unter der Führung der Familie P l a n t a, auf der andern die französische Partei unter Leitung der S a l i s und der P r ä d i k a n t e n.

Ganz von selbst fiel die Führerrolle auf diese beiden mächtigsten Familien des Landes, die beide zu ehrgeizig waren, als dass die eine sich dazu verstanden hätte, in e i n e r Parteigruppe mit der andern die zweite Rolle zu spielen.

Es ist oft behauptet worden, an den Wirren, die über Bünden seit der Bildung dieser beiden Parteien hereinbrachen, trügen diese beiden Familien mit ihrem masslosen gegenseitigen Hass die Hauptschuld, das gute Bündnervolk sei nur ein Spielball gewesen in den Händen der zahlreichen Glieder dieser feindlichen Häuser.

Das hiesse aber das wahre Wesen aller Parteikämpfe verkennen. Die beiden Familien, an den grossen Gegensätzen, die damals Europa bewegten, unschuldig, standen oft völlig machtlos der eigenen Partei gegenüber, um dann bald dieselbe allerdings wieder mehr zu lenken, besonders wenn die gegnerische Familie (Salis oder Planta) in's Spiel

---

der Ilanzerartikel. Schade nur, dass Graubünden den folgenden Schritt nicht zu thun wagte, nämlich die Messe abzuschaffen, was Zürich im folgenden Jahre durchführte. Das wäre die allein richtige, konsequente Fortsetzung der Beschlüsse von 1526 gewesen.

So aber mussten die katholischen Landeskinder mit ohnmächtigem Grimme zusehen, wie die Gemeinden einen Theil der Kirchengüter verschlangen und die Klostergüter vielfach in die Hände der Ketzer übergingen. Auch die armseligen Besoldungen der protestantischen Geistlichen sind auf die Ilanzerbeschlüsse zurückzuführen (vid. Ferd. Meyer ebendaselbst pag. 218.

kam; denn dann wussten die Bündner, dass die Sache energisch genug an die Hand genommen wurde.

Die geschickteren Parteiführer waren übrigens die Salis, die, feurig und beredt, in schroffem Gegensatz stehen zu den bedächtigern, konservativen Planta. An Leidenschaftlichkeit und Rücksichtslosigkeit aber übertrafen die Salis ebenfalls die Planta und sie stützten sich mehr auf die demagogischen Elemente im Bündnervolk.

Capitel I.

Die Planta, Johann von Planta. — Rhäzüns.

Die Familie Planta gehört bekanntlich bis auf den heutigen Tag zu den angesehensten in Graubünden. Woher sie ursprünglich stammt, kann mit Bestimmtheit eben so wenig angegeben werden, als von den Salis im Bergell, den Flaki[1] in Schuls etc., von denen Campell erzählt, sie seien römischen Ursprungs. Sicher ist, dass die Planta zum ältesten rhätischen Adel gehören. Ihr Stammort in Graubünden ist Zutz im Oberengadin. Mit Beginn des XII. Jahrhunderts erscheinen sie daselbst mit vollem Namen in einer Zeit, in welcher es sonst noch wenig Geschlechtsnamen gab.

Keineswegs aber gehörten sie zum höhern Adel, d. h. sie waren nicht Grafen und Freiherren, sondern müssen zum Ministerialadel des Bischofs von Chur gerechnet werden. Uebrigens war das eher ein Vortheil für die Zukunft des Geschlechtes, namentlich mit Rücksicht auf die soziale Stellung. Die rhätischen Dynastengeschlechter verarmten durchwegs[2] und wurden dann in der Folge um so leichter von Oesterreich verschlungen. Nicht den Dynastengeschlechtern, sondern dem niedern Adel musste in Rhätien die Zukunft

---

[1] Welche jetzt im Aussterben begriffen sind.

[2] So mussten die Grafen von Gamertingen schon 1138 ihre Herrschaft Oberengadin dem Bischof von Chur verkaufen. Planta, Dr. P. C. Die currät. Herrschaften in der Feudalzeit Bern. 1881, pag. 48 Ueber die Erwerbungen Oesterreichs auf diesem Wege erinnern wir blos an den Kauf der Herrschaften Pludenz und Montafun von. den Grafen von Werdenberg. Vgl. Planta, ebendas. pag. 328.

gehören, je mächtiger Oesterreich wurde, je mehr die Volksbündnisse empor kamen.

Im Jahr 1295 verkaufte der Bischof von Chur an Andreas Planta in Zutz für die Summe von 1050 Mark Silbers, welche er ihm schuldete, die Gerichtsbarkeit im Oberengadin, (hohe und niedere) und zwar zu einem ewigen, nach Erlöschen des Mannesstammes sogar auf Frauen vererbbaren Erblehen; ferner alle Erze und Bergwerke mit Rechten und Zubehörden [1].

Sodann erhält die Familie in jener Zeit als Lehen die Seen von Sils, Silvaplana und St. Moritz (1288), sämmtliche Lämmerzehnten im Oberengadin (1275), den Kornzehnten, den Meierhof in Samaden, die Burg Guardaval mit dem dazu gehörigen Zoll, das Vizedomamt etc.

Kurz, die Planta übten von da an im Oberengadin eigentlich Grafenrechte aus. Die Bergwerke des Ober- und Unterengadins und des Münsterthals brachten ihnen grosse Reichthümer ein, die sie in den Stand setzten, neue Besitzungen zu kaufen. Dem Bischof von Chur blieben sie getreue Anhänger, und sie halfen ihm namentlich oft mit Geld aus, wofür ihnen zeitweise oder bleibend die Burgen Fürstenburg, Castelmur, die Schlösser zu Steinsberg, Vicosoprano etc. übertragen wurden. 1302 erwarb Konrad Planta die ehemals Wildenbergischen Güter mit dem «Thurm» in Zernetz. Damit gab es neben den Planta-Zutz eine zweite Hauptlinie: die Planta-Wildenberg [2].

Im 14. Jahrhundert, in welchem die Bischöfe von Chur in fortwährende Fehden verwickelt waren, leisteten ihnen die Planta energische Hülfe. Eine Anzahl von ihnen waren in dieser Periode Ritter des schwäbischen Georgenschildes. So zogen 1393 zur grossen Ritterversammlung des Georgen-

---

[1] Urkunde im Kreisarchiv des Oberengadins zu Zutz.

[2] Doch war die Bezeichnung von Planta-Wildenberg kaum vor dem 16. Jahrhundert gebräuchlich, sondern erst als dies wegen der vielen Wohnorte der Planta nothwendiger wurde.

schildes: Hans, Jakob, Friedrich, Peter, Gaudenz, Jörg, Heinrich, Konrad und Luzius von Planta.

Im 15. Jahrhundert war ein Hartmann Planta einer der bündnerischen Hauptleute im Schwabenkrieg [1].

Die Wohnorte der Planta waren ausser den genannten noch: Samaden, Fettan, Ems, Chur, Rietberg, Remüs, Reams, Aspermont.

Die Frauen der Planta waren aus den Familien von Juvalta, Marmels und Schauenstein, v. Moor, v. Wildenberg, v. Salis, v. Castelmur, v. Porta, Beeli v. Belfort, Beccaria und Fontana [2].

Gegen Ende des 15. Jahrhunderts büssten aber die Planta ihre hervorragende Stellung im Oberengadin zum grössten Theil ein. Es ist begreiflich, dass im Zeitalter der Bünde den Planta eine energische Opposition erwachsen musste, in der Gerichtsgemeinde des Oberengadins selbst.

1470 kam es nach langen Streitigkeiten zu einem Vergleich zwischen den Planta, dem Bischof und der Gemeinde. Sprecher sagt darüber [3]: «anno 1470 sind die von Planta ohnangesehen ihres Kaufs und dessen aller Besitzung genöthigt worden, sich mit Bischof Ortlieb zu Pakten einzulassen, welche beschlossen, die Bischofen sollend der Landschaft allzeit zwei Edelleut vorschlagen, von denen sie ein Landammann nach Mehren der Stimmen erkiesen mögend, jedoch dass allezeit einer von diesen zweien vom Plantischen Haus seyn solle [4]».

---

[1] Derselbe, der ein Hülfsschreiben an den Gotteshausbund mit Benedikt Fontana, Rudolf v. Marmels und Balthasar Schegk unterzeichnete. Jahrbuch 8. Bd. pag. 209.
[2] Und von Planta natürlich auch.
[3] Sprecher: 207.
[4] Es ist bemerkenswerth, dass hier offenbar der Bischof auf Seite der Gemeinde steht. „Die Planta wurden genöthigt, sich mit Bischof Ortlieb zu Pakten einzulassen", heisst es; also scheint ein Streit mit dem Bischof vorangegangen zu sein. Die Ursachen dieses Streites waren Sprecher noch bekannt, er fügt ja hinzu: „ohn an-

Die Familie Planta verzichtete gegen dies von Sprecher angeführte Zugeständniss auf die Gerichtsbarkeit unter der Bedingung, dass alle Zeit einer von den Planta unter den für das Richteramt Vorzuschlagenden sein und die Strafgelder zwischen ihnen und dem Bischof getheilt werden sollen.

Durch einen neuen Entscheid verloren die Planta auch die Gerichtsbussen und 1494 kaufte das Oberengadin dem Bischof das Wahlvorschlagsrecht ab. Doch blieb dasselbe auch für die Folge in angedeuteter Weise ein beschränktes [1].

Die Planta führten im Wappen als Abzeichen eine Bärentatze. Von den Rittern im 14. Jahrhundert trugen einige den Kübelhelm, andere den Stechhelm; die Bärentatze auf dem Helm war etwa ein Fuss hoch; die Helmdecke mit der Tatze verbunden. Auf dem geneigten, dreieckigen Schild war die Bärentatze abgebildet. Vom 15. Jahrhundert an stellt die letztere constant die erhobene (meistens rechte), über dem Ellbogen abgehauene Vordertatze mit silberner Sohle dar [2].

So viel über die Familie Planta bis zum Beginn des 16. Jahrhunderts, wo Johann Planta geboren wurde [3].

---

gesehen ihres Kaufes". Der jetzige Bischof mochte den Vertrag von 1295 nicht anerkennen und aus dem Streite der Planta mit der Gemeinde möglichst für sich Vortheil zu ziehen suchen. Die Planta waren ihm wohl zu mächtig geworden.

[1] Bis zur Helvetik. Doch liess sich die Sache praktisch nicht durchführen, da die Planta entweder in Kriegsdiensten oder als bündnerische Amtsleute im Veltlin vielfach abwesend waren. Erst die Verfassung von 1814 machte diesem Vorrechte der Planta endgültig ein Ende. Noch im Anfang des 19. Jahrhunderts machte die neugewählte Obrigkeit um die ursprünglichen plantischen Häuser in Zutz einen Umzug und wurde vor dem Stammhause beeidigt; ein Beweis, wie lange der Bevölkerung die einstige mächtige Stellung der Planta in Erinnerung blieb.

[2] Wir verdanken mehrere dieser Bemerkungen über die Familie Planta den Familienpapieren des Herrn P. v. Planta-Fürstenau.

[3] Wir werden uns über Johann Planta da oder dort der Kürze befleissen im Hinblick auf die Schrift von Rektor J. Bott in Chur über Planta im Programm der bündnerischen Kantonsschule für 1870.3

Das Geburtsjahr unseres Johannes Planta ist uns nicht bekannt. Doch fällt dasselbe jedenfalls in das 1. Dezenium des XVI. Jahrhunderts oder ganz an den Schluss des XV. Da er im Jahr seiner Hinrichtung, 1572, bereits ein betagter Mann war, der jedenfalls schon längst erwachsene Söhne hatte, wie den Domdekan Konrad, beider Rechte Doktor. Anderseits hatte er das 70. Altersjahr kaum bedeutend überschritten, da er auch noch einen ganz jungen Sohn besass, Jakob mit Namen, den der Domdekan nach der Hinrichtung seines Vaters zum Zwecke seiner weitern Ausbildung nach Luzern brachte [1].

Johann Planta war der Sohn Konrads Planta von Zernetz, eines hochangesehenen Mannes. Er genoss jedenfalls eine für jene Zeit äusserst sorgfältige Erziehung. In einer Zeit, in welcher das Bündnerland ausser den Geistlichen noch wenig studierte Leute aufzuweisen hatte, erwarb er sich den Titel eines Doktors beider Rechte. Es konnte nicht fehlen, dass sich dem begabten Juristen, den Campell so klug wie einen nennt, eine glänzende Laufbahn als Staatsmann eröffnete.

Rasch stieg er in seinem Heimatthale Unterengadin zu den höchsten Aemtern empor. 1547 wurde er Vikar, 1550 Landeshauptmann im Veltlin.

Mit unerschütterlicher Zähigkeit hielt er auch dann am alten Glauben fest, nachdem seine Brüder Balthasar und Konradin, sowie fast das ganze Engadin reformirt geworden waren [2].

Nach dem Tode des Obersten Travers, jenes greisen Staatsmannes, der in seinen letzten Lebensjahren noch reformirter Prediger geworden war, war Johann Planta unstreitig der einflussreichste Bündner, besonders nach der Erwerbung

---

[1] Luz. St.

[2] Campell führt an, es glauben viele, Zernetz, die Heimatgemeinde Plantas, wäre nicht so leicht reformirt geworden, wenn Johann Planta nicht gerade damals als Landeshauptmann abwesend gewesen wäre (vid. Moors Campell Bd. II. pag. 370).

der Herrschaft Rhäzüns. Nachdem das Engadin fast ganz reformirt geworden, war es ein sehr feiner Schachzug unseres Johann Planta, seiner Familie im obern Bunde eine Stellung zu schaffen, und hätten mehrere seiner Familie diesem Beispiele gefolgt, auch mehr Glieder derselben am katholischen Glauben festgehalten, so wäre es den Planta vielleicht gelungen, sich im obern Bunde eine Stellung zu verschaffen, die, ihrer Vergangenheit nach die naturgemässeste, sicher dazu beigetragen hätte, in politischer wie in religiöser Beziehung das Gleichgewicht in Rhätien herzustellen.

Die Herrschaft Rhäzüns erhielt Johann Planta 1558 als Pfandlehen von Kaiser Ferdinand von Oesterreich.

Dieselbe, früher der Stammsitz eines der stolzesten Adelsgeschlechter Rhätiens, das 1458 ausstarb, kam 1497, also kurz vor dem Schwabenkrieg, zu einer Zeit, in welcher das Haus Oesterreich in Bezug auf Rhätien die weitgehendsten Pläne hegte[1] an den Kaiser Maximilian I. — Der Schwabenkrieg[2] knickte die Hoffnungen des habsburgischen Hauses und so blieb denn die Herrschaft Rhäzüns zuerst als Pfandlehen, dann als Eigenthum mit Wiedereinlösungsrecht Oesterreichs für lange Zeit in den Händen rhätischer Adelsfamilien. 1549 wurde sie von Erzherzog Ferdinand vorübergehend eingelöst[3] und kam nun eben 1558 als Pfandlehen für die Summe von 14,000 fl.[4] an Johann von Planta.

Zur Herrschaft gehörten damals die Gemeinden Rhäzüns, Bonaduz, Ems, Felsberg; auch gehörten dazu die Gerichte Tenna und Obersaxen.

Zehn Jahre später erwarb Johann Planta auch die Herrschaft Hohentrins von einem Juden (der sie von den Freiherren von Heven erlangt hatte) für die Summe von 5000 fl.

---

[1] Planta, Currät. Herrschaften pag. 426.

[2] Der Schwabenkrieg ist für Graubünden etwa das, was der Krieg von 1315 für die drei Waldstätte.

[3] Von dem Herrn v. Marmels.

[4] Planta a. a. O. pag. 431, wonach Bott zu berichtigen ist.

Zur Herrschaft Hohentrins gehörten die Dörfer Trins, Tamins und Reichenau.

Damit gebot nun Johann von Planta über den Knotenpunkt des heutigen Graubünden in politischer und commercieller Beziehung. Freilich war die Herrschaft Rhäzüns nur sein Pfandlehen und ist es eigentlich ungenau, wenn er desshalb Freiherr genannt wird [1]. Die Zeitgenossen nennen ihn in der Regel Herr von Rhäzüns.

Sehen wir uns die Macht und Gewalt eines damaligen Herrn von Rhäzüns etwas näher an.

Im Laufe der Zeit war den vielen Dynastengeschlechtern in Graubünden in den verbündeten Gerichtsgemeinden ein mächtiger Konkurrent erwachsen [2].

Zur Zeit als Johann von Planta die Herrschaft Rhäzüns antrat, war das Ansehen der Gerichtsgemeinden überall in Rhätien im Steigen begriffen. Der Feudalismus war nahezu gebrochen, die Befreiung der Gemeinden energisch angebahnt.

Als einziger weltlicher Landesherr war im obern Bunde der Herr von Rhäzüns zurückgeblieben und es konnte derselbe jedenfalls in normalen Zeiten das politische Leben im obern Bunde stark beeinflussen.

Es ist nun höchst interessant zu beobachten, wie die Unterthanen der Herrschaft Rhäzüns beim Amtsantritt Plantas einen Versuch machten, grössere Rechte zu erlangen. Schon 1533 war es diesbezüglich zu einem schiedsrichterlichen Spruch gekommen, und jedenfalls hatten auch die Herren von Rhäzüns unter der Einwirkung des Zeitgeistes allmälig einen Theil ihrer Herrschaftsrechte eingebüsst. Planta konnte bei seinem Amtsantritte etwa folgende Competenzen beanspruchen.

---

[1] Wie dies Bott thut.
[2] Ueber das allmählige Emporstreben der Gerichtsgemeinden in Bünden s. Rechtsquellen des Kantons Graubünden von R. Wagner und L. Salis pag. 5 und Planta a. a. O. pag. 201—211.

1. Wahl eines Ammanns aus einem Dreiervorschlag der Gemeinde [1]..

2. Das Recht und die Pflicht, in Criminalfällen die Untersuchung zu führen [2].

3. Die Gerichtsbussen.

4. Zehnten, Frohnden, Grundzinse, namentlich in Rhäzüns und Bonaduz, wo die Bewohner Leibeigene waren.

5. Das alleinige Recht auf Hochwild.

6. Den Todfall und die Fastnachthühner in Bonaduz und Rhäzüns etc. [3].

Nun verweigerten aber die Gemeinden Bonaduz und Rhäzüns dem Herrn von Planta bei seinem Amtsantritt den Eid der Treue. 1560 kam es desshalb zu einem schiedsrichterlichen Spruch, bei welchem Martin Cabalzar, Alt-Landrichter vom obern Bund, zu «einem Obmann benannt und erkieset» wurde [4]. Am 3. Juli fand die Vermittlung in Ilanz statt. Es genügt, wenn wir die Antworten der Vertreter der genannten Gemeinden auf die von Planta und Oesterreich, bezüglich deren Anwälten, gestellten Klagepunkte hier anführen [4]. «Erstlich des Aids halber ist vormahls von dem Herrn Planta begehrt worden, die alten Brief zu zaigen, doch sömlich nie geschehen ist, auch uns nit zu wüssen, dass sie kain Herren nie geschworen und kain aidt nie gethan haben, und vermeint keinen schuldig sein zu thun, dann wie ander Pundsgenossen haben sye dem obern grauen Pundt geschworen, bey demselben vermeind sye zu verbleiben.»

---

[1] Derselbe bildete dann in Civil- und Ehesachen mit 12 Rechtsprechern und in Criminalsachen mit 18 aus Rhäzüns sammt 6 aus der Herrschaft Hohentrins und je einem Beirichter aus Obersaxen und Tenna das Gericht (vid. Wassali Beitrag zum Programm der Kantonsschule 1880 pag. 13).

[2] Planta pag. 428.

[3] Seit 1497 waren die Zahlen der Frohnden, Zehnten und des Todfälles bereits beträchtlich gemildert sagt Planta pag. 430.

[4] Rätia austr. fol. 27 und fol. 41 und folgende.

Es war jedenfalls eine sehr kühne, jeder Wahrheit entbehrende Behauptung, dass sie «keinem Herrn nie geschworen» hätten, wie denn auch der Entscheid dies beweist. Sich sodann auf den Bund von 1424 zu berufen, muss geradezu als Thorheit bezeichnet werden. Derselbe bestimmte ja ausdrücklich[1], dass alles in den alten Rechten und Gewohnheiten weiter leben solle.

«Des Zenden halben — heisst es weiter in jener Antwort vermeynen sie nit weiter schuldig sein zu geben, dann von 15 Ammen wie andere Pundsgenossen auch geben und vormals ist geben worden.

«Jagens und Fischens halber vermeinen sy, allweil sye die Beschwernuss der Quellen leyden müssen, vermeinen sy es auch zu genissen etc.

«Der Tagwann halber vermeinen sye nit schuldig zu seyn, sondern was bishero beschehen ist, das hat man aus Liebe und gutem Willen gethan etc.

«Des Vertrags halber zu Glurns vermeind sie nit schuldig sein dem nachzukommen, denn er ist nit nach laut der Erbeinigung aufgerichd worden etc.[2]»

---

[1] „alle sollen by iren lütten, gütern, gerichten, diensten, by allen iren nutzen, zinsen un aigenschaft der ihren un gutten gewohnhaiten beliben" etc. (Bundesurkunde von 1424). Nicht umsonst hat sich bis in die neueste Zeit beim Volk allgemein die Ansicht erhalten, die Bundesbriefe seien die Grundlage gewesen für Freiheitsbestrebungen jeder Art. Wenn die Leiter des Volkes damals schon so keck sich auf die Bundesbriefe beriefen, musste bei der Masse des Volkes die Ansicht entstehen, dieselben begründeten jede Art von Freiheitsbestrebung.

[2] Der Vertrag zu Glurns mit dem Herrn von Marmels (1533, 17. Dezember) hatte gegenüber gleichartigen Begehren der Unterthanen, wie sie jetzt wieder auftauchen, festgesetzt: „dass die K. Mayestät unangefochten der Pündt. Ordnungen (Anspielung auf den Artikelbrief von 1526) widerumb restituirt und zu Nutz und Gewähr gesetzt werden soll, und die Unterthanen schuldig seyn dass alles der Obrigkeit, wie von alter herkommen ist.

Rätia austr. fol. 21 und folgende.

Soviel über die Antwort der betreffenden Gemeinden. Nur mit grossem Widerstreben konnten sich die Rhäzünser darein fügen, dass sie allein in der ganzen Gegend noch kaiserliche Unterthanen bleiben sollten, und heftig protestirten sie auf jener Versammlung in Ilanz gegen diese Titulatur.

Die Freiheitsgelüste der Rhäzünser sind noch um so begreiflicher, wenn wir bedenken, dass wir uns im Jahrhundert der Reformation befinden [1].

Ein revolutionärer Zug ging damals durch ganz Europa; man erinnere sich des Bauernkrieges in Süddeutschland; in Graubünden war der Bewegung Einhalt gethan worden durch die Ilanzerartikel von 1526 [2].

Nur für die Rhäzünser hatten dieselben keine Bedeutung, während wie gesagt ihr Ringen nach Besserstellung selbstverständlich ist.

---

[1] (Siehe Anmerkung ² auf voriger Seite).
[2] Die Ilanzerartikel mussten in den Rhäzünsern den Gedanken erwecken, nach Ähnlichem zu streben. Der 9. Artikel derselben bestimmte, dass in Zukunft „kain korn noch trait zechent uff dem veldt oder eckern" mehr gegeben werden müsste, sondern zu Hause „von fünfzehen quartanen eine zehnden zugeben" solle jedermann schuldig sein. Daher die Forderung der Rhäzünser, den Fünfzehnten geben zu dürfen, statt des Zehnten; denn ihre diesbezüglichen Forderungen von 1497 (Planta pag 429) waren wohl unberücksichtigt geblieben, wenigstens grundsätzlich hat offenbar 1533 und 1561 die Herrschaft am alten Zehnten festgehalten, wenn auch vielleicht in Praxi die Sache sich anfing anders zu gestalten. Der 12. Artikel des genannten Briefes hatte die Frohnden (tagwonen) verringert „wo man me dan ein tagwon zu thun schuldig ist, vil oder wenig sol demselben ein tagwon nach gelassen werden". Man sieht, die Rhäzünser gehen diesbezüglich in ihren Forderungen noch weiter, wie denn überhaupt die Forderungen der Bauern rasch über die Bestimmungen der Ilanzerartikel hinausgingen, wie der Bericht an die Eidgenossen beweist, wo von einer völligen Aufhebung der Leibeigenschaft gesprochen wird. Jeklin pag. 97.) Es liegt auf der Hand, dass alle diese Ereignisse auf die Rhäzünser zündend wirken mussten; aber mit einer österreichischen Herrschaft konnte man eben nicht so umspringen, wie mit einer geistlichen, deren Unterthanen ja an den Protestanten die nöthige Unterstützung fanden.

Auf der andern Seite aber ist es ungerecht, diejenigen Männer, welche sich solchen Bewegungen, die trotz aller praktischen Berechtigung doch revolutionärer Art sind, entgegenstellen, einfach zu verurtheilen. — Und was wäre in unserm Falle gewonnen gewesen, wenn Planta seinen Unterthanen bezüglich ihrer Wünsche entgegengekommen wäre? Die Herrschaft gehörte ja dem Hause Habsburg, das derselben jederzeit einen andern Herrn geben konnte, wenn Planta versucht hätte, etwas von ihren Rechten fahren zu lassen.

Wenn daher Moor in seiner Bündnergeschichte meint, Planta hätte sich in der Herrschaft Rhäzüns die Herzen durch Herrschsucht und Stolz entfremdet, so ist das eine Behauptung, die jeder Begründung entbehrt[1]. Wir haben durchaus keine Berechtigung, anzunehmen, dass er seine Unterthanen anders behandelte, als etwa die Herren von Marmels gethan. Thatsache aber ist, dass er ihren Freiheitsgelüsten entschieden entgegentrat und jenes Schiedsgericht in Ilanz gab ihm völlig Recht.

Es erklärte dasselbe nämlich zu Recht[2], «dass J. May. zu allen Ihren Rechten und Gerechtigkeiten wiederumb hiemit eingesetzt soll seyn etc.». Der Vertrag zu Glurns solle «in Kräfften sein». Die von Rhäzüns und Bonaduz[3] sollen den Eid schuldig sein zu thun etc. etc.

So musste jedes Schiedsgericht vom Rechtsstandpunkte aus urtheilen; aber jeder Oberherr, der bestrebt war, Oesterreichs Rechte zu wahren, musste auch ebenso von den Unterthanen gehasst werden und wir werden sehen, wie dieser Hass für Planta verhängnissvoll wurde[4].

---

[1] Moor IX. Bd. pag. 184.
[2] Rätia austr. fol. 46 und folgende.
[3] Die Leibeigenen also (nur die Rhäzünser und Bonaduzer, als ursprünglich zur Burg gehörige, waren eigentliche leibeigene Kolonen). Planta pag. 127.
[4] Ferdinand Meyer meint, am Ende des 15. Jahrhunderts hätte der Herr von Rhäzüns wenig mehr zu bedeuten gehabt (vid. Schweiz.

— 21 —

Einstweilen freilich schien die Macht der Planta fester als je begründet zu sein. Während im obern Bunde der Herr von Rhäzüns eine hervorragende Stelle inne hatte, gelangte im Zehngerichtenbunde sein Bruder Konrad, der sich in Fideris niedergelassen hatte, zu grossem Ansehen. Die beiden Engadine beherrschten die zahlreichen Sprösslinge der zwei Hauptlinien der Planta, unter denen der dritte Bruder des Herrn von Rhäzüns, Balthasar, der einflussreichste war.

Capitel II.

Die Salis. — Stellung der Planta und Salis.

nzwischen aber trat eine Gegenpartei unter Führung der Salis immer geschlossener gegen die Planta auf.

Es ist hier der Ort, auch die bedeutenderen Führer der Familie Salis aus jener Zeit kennen zu lernen.

Der an Ansehen weitaus hervorragendste Mann dieser Familie war damals der Oberst Herkules von Salis-Soglio, der sich meistens in Cläven aufhielt. Schon im Müsserkriege hatte sich derselbe ausgezeichnet, dann war er in französische

---

Museum a. 1838 S. 205).

Damit stehen Campell's Angaben im Widerspruch und jedenfalls war das moralische Ansehen der Herren von Rhäzüns noch lange ein bedeutendes, um so mehr, als sie eben die einzigen weltlichen Herren des obern Bundes blieben. Auch später erlangten die Unterthanen der Herrschaft Rhäzüns nicht die geforderten Freiheiten und sind dieselben im steten Kampfe mit ihren Oberherren, während des ganzen 17. Jahrhunderts. 1698 kam es zwischen ihnen und Leopold I. zu einem Vertrage, auf Grundlage des Abkommnisses von 1497. (Planta pag. 432.)

Dienste getreten und jetzt lebte er zu Cläven; er genoss, trotz des Pensionenbriefes, eine Pension von Frankreich. Er war ein eifriger Förderer der Reformation im Bergell und in den Unterthanenlanden.

Merkwürdigerweise gehörte sein Sohn Rudolf, der vor das Strafgericht in Zutz gestellt wurde, der spanischen Partei an und wurde später Freiherr des römischen Reiches.

Auch ein anderer Herkules von Salis, der zur Zeit des Bullenhandels Landeshauptmann des Veltlins war, hielt mit der Plantischen Partei und war sogar gesonnen, mit dem Herr von Rhäzüns in verwandtschaftliche Beziehungen zu treten.

Ein dritter Salis, Baptista, wurde vom nämlichen Strafgericht, das Johann Planta verurtheilte, als päpstlicher Ritter gebüsst, also ein drittes Glied der Familie, das sich nicht der Familienpolitik anschloss.

Neben dem Oberst Herkules von Salis war Dietegen von Salis, der als österreichischer Vogt auf Castels sass, der einflussreichste Mann der Familie Salis. Er gehörte zwar äusserlich auch zur kaiserlichen Partei, was schon seine Stellung als österreichischer Vogt beweist. Das hinderte ihn aber nicht, unter der Decke mit der französischen Partei zu liebäugeln; dazu war er einer der eifrigsten und rücksichtslosesten Gegner der Familie Planta. Im Türkenkriege hatte er sich ausgezeichnet, war zum Ritter geschlagen worden und wurde nach seiner Rückkehr in die Heimat, in Anerkennung seiner Verdienste, zum Vogt auf Castels ernannt.

Dietegen von Salis hasste die Familie Planta besonders seitdem Konrad von Planta sich in Fideris niedergelassen hatte, und er hatte Grund dazu; denn beinahe wäre der letztere damals (1568) an seiner Stelle Vogt auf Castels geworden, weil gegen Dietegen viele Klagen eingelaufen waren. Mehrere Male schlug die Regierung in Innsbruck dem Herzog die Absetzung Dietegens vor; allein gewandt und doppelzüngig wie er war, wusste er sich zu helfen.

Ist uns im Obersten Herkules von Salis ein Mann entgegengetreten, der an Ansehen und Einfluss, sowie an

Charakter dem Herrn von Rhäzüns ebenbürtig zur Seite stand, so ist hingegen Dietegen von Salis so recht der Repräsentant jener leidenschaftlichen Demagogenführer, wie solche leider in den drei Bünden immer häufiger als eigentliche Lenker des Staates während allen Aufständen hervortreten.

Ferner ist als einflussreiches Glied der Familie Salis in jener Zeit zu nennen Anton von Salis, der zur Zeit des Bullenhandels im Veltlin Vikar war. Wie Dietegen von Salis war er ebenfalls ein persönlicher Feind des Herrn von Rhäzüns, bereit, denselben bei der ersten Gelegenheit von seiner Höhe herunterzustürzen. Sprecher[1] sagt darüber: «Dieser hat sich stark widersetzt (als der Herr von Rhäzüns die Propstei zu Teglio in Besitz nahm), theils wegen Schadens, der auf den Schwager (Guicciardi) wachsen möchte, theils auch weilen er dem Herrn von Rezüntz ungünstig war, weilen er, Herr zu Rezüns seine Tochter Anna Bartholome Stampa zur Ehe soll versprochen gehabt haben».

Wir sehen, es gesellt sich noch ein abgewiesener Bewerber um die Hand seiner Tochter zu den Feinden des Herrn von Rhäzüns[1].

Wie der genannte Anton von Salis über den Herrn von Rhäzüns dachte, sagt uns ein Schreiben, das derselbe zur Zeit, als Johann Plant sich um die Herrschaft bewarb, an den Kaiser Ferdinand richtete[2]. Das Schreiben trägt zwar

---

[1] Privathass hat in jenen Zeiten eine ebenso grosse Rolle gespielt, wie politische Motive, und der Historiker kann leider immer derartige Beweggründe zu wenig berücksichtigen, weil darüber für ein einigermassen sicheres Urtheil meistens die Quellen fehlen.

Auch in unserm Falle sind wir nicht im Stande, zu beurtheilen, wie viel gerade diese zwei letztgenannten Salis zum Sturz des Herrn von Rhäzüns beigetragen haben und mit welcher moralischen Berechtigung sie ihn hassten. Es genügt, zu konstatiren, dass die Salis hier jedenfalls im Herrn von Rhäzüns und seinem Bruder Konrad nicht blos die Führer der Gegenpartei hassten.

[2] St. Innsbr. Ferd.

kein Datum, aber dem Inhalte nach muss es zweifelsohne im Jahr 1557 oder 58 abgefasst worden sein. Salis sagt darin einleitend, es gebe 3 Bünde in Rhätien und die Häupter derselben seien, erstens, im Gotteshausbund, der Bischof von Chur und seit dessen Bedeutung etwas im Schwinden begriffen, der Stadtvogt von Chur und der Bürgermeister. (Die Stadtvogtei aber sei ein Pfandschilling Oesterreichs und ablöslich, so dass Oesterreich daselbst leicht seinen Einfluss herstellen könne, was bisher unnöthig gewesen, weil Chur sich sehr gut gegenüber Oesterreich verhalten habe).

Zum andern, fährt er fort: «So ist Im Zehn Gerichtenbund ein Landvogt zu Castels das Haubt (und da sei sein Vetter Dietegen von Salis, gewesener österreichischer Hauptmann Vogt). Zum dritten. So ist ein Herr von Räzüns das Haubt Im ober Punth, an welchem treffentlich vil gelegen ist. Dann bemelter Herr von Räzüns muss in allen tagen und bytagen, auch Rätten die Gemein Land betreffende sein und beisizen und ist in allen sachen der Erst befragt; (wir sehen, es handelt sich mehr um den moralischen Einfluss der genannten Häupter und da scheinen gerade der Vogt von Castels und der Herr von Rhäzüns damals noch sehr hoch gestanden zu sein, des Landrichters und des Bundeslandammanns erwähnt Salis dabei gar nicht) ein solcher möge vil erhalten, wenn er treulich sei; so er aber untreulich, möcht er vill schaden.»

Nun sei Oesterreich gesonnen, nachdem Stampa (der ältere) Herr von Rhäzüns gewesen, den Johann Planta damit zu belehnen. Salis als österreichischer Hauptmann, der gelobt, alles zu thun, was zu Nutz und Frommen Oesterreichs gereichen möchte, könne nicht unterlassen, dasselbe vor Planta zu warnen. Denn «wiewoll bemelter Planta mein tutsfreund Ist und Ich Im alles guotts vergune, was ich mit Ehren verantworten khann und mag» etc. müsse er doch anzeigen, dass «gemelter Planta sich seit vill Jaren seer der französischen Parthei angenommen und unterstanden, dann kheiner Im ganzen Landt. Und in sonderheit wie man die Puntnuss mit den Franzosen Ernüwert hatt, und seyther für und für; auch so hat Er noch Zwen Bruder, seiend von menglichen Im Land im verdacht, Sie habendt von den franzosen ansehentlich Pension und so ist einer unter den dreien Brüdern, welcher der französischen Bottschaft (So im Landt wone) Secretair, Tollmätsch und Rath auch. Es gebe auch viele Leutte, die meinen, die Summa gelts So. Er Planta erlegen muss, dieweil sein Reichtumb nit also weit, sey zum theil von der französischen Bottschaft dargelehen.»

Endlich sagt er noch: «Daneben Allergnedigster Chunig So die dry oftgemelter Häubter E. M. von Herzen zu dienen geneigt sind, zudem das der Gemeinmann Zum merentheil auch hochlöblichem Haus Oesterreich zu dienen auch ganz begierig ist; kann E. M. alle tag Im faal der Noth Ein anzall Kriegsvolk als Namblich biss in die Sechs oder acht tausend aus dem Land und In Rechtswegen Es sey In die Grafschaft Tirol, In Reichstetten, Auf das Herzogthumb mayland oder auf der Venediger Grund führen», was er alles, mit «Hüll des Almechtigen, der drei Häubter und seiner Freunde zu stande zu bringen sich getraue».

«Solches alles», schliesst er sein interessantes Schreiben, «habe er dem Kaiser, in Folge seines geschworenen Treueides, nicht durch feindtschaft oder vergunst, So Ich gegen bemelten Planta habe oder trage, dann Ich Ime alss meinem Freund alles guotts gune, melden wollen.»

Helfe, was da helfen mag, hat offenbar unser Salis gedacht, als er dies Schreiben abschickte. War es doch eine Frechheit ohne gleichen, das damals schon anerkannte Haupt der österreichisch-spanischen Partei des geheimen Einverständnisses mit Frankreich zu beschuldigen und beweist dieser Brief, wie schlecht unterrichtet über Bünden Oesterreich eigentlich war, wenn es auch allerdings diesmal dem Herrn von Salis keinen Glauben schenkte und Planta doch Herr von Rhäzüns werden liess. Und wie verwerflich waren diese Heuchelei betreffend sein Verhältniss zu Planta und diese übertriebenen Versprechungen an Oesterreich!

Endlich muss noch ein Salis erwähnt werden, der Vertreter des Bergells auf dem Beitage, Andreas von Salis[1]. Er war wohl der geschickte Leiter der Beitagsbeschlüsse, die oft in Plantas Interesse zu sein schienen, thatsächlich aber kluge Schachzüge zu seinem Untergange waren, wie wir erfahren werden.

Zuerst geriethen die beiden feindlichen Familien an einander anlässlich der Bischofswahl. Seit der Reformation rief dieselbe die heftigsten Kämpfe hervor, was sehr begreiflich ist; beide Parteien und beide Familien wollten eben vom Erbe des, wie es schien, von heute auf morgen zusammenstürzenden Bisthums, möglichst viel für sich gewinnen[2].

Die Planta waren in diesem persönlichen Kampfe mit der Gegenpartei, resp. mit der Familie Salis, vom Glück begünstigt. Dreimal unterlag der Kandidat der Salis, der Erzpriester Bartholomäus von Salis. Das erste Mal (1541) wurde statt seiner der höchst liberale Luzius Itter von Chur gewählt. Das zweite Mal (1548) standen die Salis und Planta sich persönlich gegenüber und Thomas Planta wurde Bischof, ein Mann, der ebenfalls eines gewissen liberalen Zuges nicht entbehrte. Das dritte Mal unterlag Bartholomäus von Salis gegen Beatus a Porta, von Davos stammend, dessen Wahl

---

[1] Junker Andreas nennt ihn Egli in seinem Schreiben vom 7. Januar (vid. Siml. Samml.).

[2] In diese ersten Jahre der Reformation fallen in Graubünden die gewaltthätigen Schritte gegen die geistlichen Stifte, wie z. B. die Säcularisirung des Klosters Katzis im obern Bund, an welcher Johann Planta allerdings auch seinen Antheil hatte. Ein jeder wollte eben, da das Erben auf der Tagesordnung war, seinen Theil erhalten. Man kann desshalb doch wohl nicht die Haltung Plantas als im gänzlichen Widerspruch mit seiner spättern stehend ansehen. (Bott pag. 13.) Im Zeitraum von einigen Jahrzehnten änderten sich die Zeiten gewaltig. Unnatürlich aber ist es, wenn die Salis, auch nachdem der Geist Ghislieris zum Durchbruch gelangt war, noch einen ihres Geschlechtes zum Bischof erheben wollten. Ein Salis, der damals Bischof geworden wäre, hätte ja, nothgedrungen, entweder mit Rom oder mit seiner Familie in den heftigsten Konflikt gerathen müssen.

uns beweist, dass bereits in Rhätien der neue Geist spürbar war [1].

Auch im politischen Kampfe geriethen die beiden Parteien gleichzeitig an einander. So fand 1542 in Chur ein Strafgericht statt gegen die Uebertreter des Pensionsbriefes vom Jahr 1500.

Derselbe hatte festgesetzt, dass niemand «khain Jargeld, dienstgelt, mustergeld, provision noch kain Schenkinen inner dienstwyse noch umb dienstswillen von keinen uszlendigen und frömden künig fürsten noch herrn, so usser halb unsern drypünten mit hoffhalt wesentlichen sind, nit haben, nemen noch emphahen», und wer das doch thäte, solle gestraft werden, «by sinen eren und aiden an irem leben, on alle mittel und gnad [2]».

Das Strafgericht von 1542 ging von der spanischen Partei aus. Allein trotz der genannten scharfen Bestimmungen des Pensionenbriefes waren die Strafen sehr milde. 25 Angeklagte wurden auf fünf Jahre aus gemeinen Räthen und Thäten ausgeschlossen, jedoch ohne Nachtheil ihrer Ehren [3].

Wenige Jahre später wurde ein zweites Strafgericht in Davos abgehalten (nämlich 1550) im unmittelbaren Anschluss an die Erneuerung des französischen Bündnisses. Mehrere hochangesehene Männer wie Johann Guler, Paul Buol, Andreas Sprecher, Georg Beli etc. wurden um bedeutende Summen gebüsst.

Auch dieses Strafgericht ist ohne Zweifel von der spa-

---

[1] a Porta gehörte wie der damalige Abt von Disentis (Castelberg) zu den unbedingten Anhängern und Bewunderern des Erzbischofs von Mailand und des Papstes (Pius V.). Vergeblich war Dietegen von Salis damals extra nach Rom gereist, um für seinen Vetter zu wirken, vergeblich hatte er, wie das Domkapitel in Chur nach Innsbruck schreibt, daselbst die unverschämtesten Lügen über a Porta und seine Anhänger verbreitet (vid. St. Innsbr. Ferd. 439½; vergleiche auch über diese Periode die Capitel bei Moor und Kind).

[2] Jeklin pag. 76.

[3] Sprecher (Chronik) pag. 209.

nischen Partei ausgegangen. Dasselbe verlief, wie Sprecher sagt, «(wie alle Auflauff des Volkes) im Anfang grausamb, im mitten müd, und zu End mehrtheil Lufft lassend[1]». Ein grosser Theil der ausgesprochenen Bussen wurde dann später wieder zurückerstattet.

Endlich kam es im Jahr 1565 in Zutz zu einem neuen Strafgerichte, wieder in Folge des Abschlusses eines neuen Bündnisses mit Frankreich, wie denn überhaupt dieses Ereigniss in der Folge stets innere Unruhen hervorrief. Verschiedene Boten des Bundestages wurden beschuldigt, von französischem Gelde bestochen ihre Stimme abgegeben zu haben.

Also konnte man sich auch in diesem Strafgericht, das lediglich von den beiden Engadinen abgehalten wurde, auf den Pensionenbrief berufen, wie denn überhaupt derselbe oft unheilvoll wirkte und den Aufständen noch einen Schein von Rechtlichkeit und Gesetzlichkeit verlieh, ohne jedoch seinen wahren Zweck irgend wie zu erreichen.

Auch in Zutz waren die Bussen im Vergleich zu den nun folgenden Strafgerichten geringe. Einzig dem Sohne des Obersten Herkules von Salis wäre es beinahe so schlimm ergangen, wie später dem Herrn von Rhäzüns.

Da das Strafgericht von der Plantischen Partei ausging[2], wäre man fast versucht, anzunehmen, dass lang genährter Familiengroll hier zum ersten Male sich austobte.

Allein Campell und Sprecher erklären ausdrücklich, dass Rudolf von Salis zur kaiserlichen (österreichischen) Partei gehörte, wie ihn denn auch nicht die Richter verurtheilten,

---

[1] (Siehe Anmerkung [3] auf voriger Seite).
[2] Zwar wissen wir über dieses Strafgericht blos, dass es vom Dörfchen Suren (jenseits des Inn) zu Ardez gehörig, ausging. Dass irgend von höherer Seite, vielleicht von den Planta ein Wink dazu gegeben wurde, ist nicht erwiesen aber wahrscheinlich. Jedenfalls hatten die Planta bei diesen Unruhen ihre Hand im Spiel; galt es doch, das verhasste französische Bündniss wieder rückgängig zu machen.

die gegen die französischen Pensionäre ihre Sentenzen fällten, sondern sein Prozess begann erst, nachdem einige derselben ausgetreten waren [1]. Endlich ist uns ausdrücklich bezeugt, dass ihn ein Planta schliesslich rettete, so dass er mit 2000 fl. davon kam [2].

Das Zutzer Strafgericht ist in politissher Beziehung noch von ganz besonderem Interesse, so dass wir noch einen Augenblick dabei verweilen müssen. Die zusammengeströmten Volksmassen schwuren nämlich einen Eid, das unlängst geschlossene Bündniss so viel als möglich anzugreifen, womöglich zu sprengen und überhaupt **jeder Verbindung mit fremden Fürsten zu entsagen**.

Die spanische Partei macht also in dieser Zeit gemeinsame Sache mit der neutralen Partei, welch letztere immer noch zahlreiche Anhänger hatte.

Es war das politisch sehr klug und hätte die spanische Partei konsequent mit den Neutralen gehalten, d. h. wäre sie einstweilen als selbstständige Partei völlig zurückgetreten, so wäre es ihr vielleicht gelungen, allmälig das französische Bündniss zu sprengen.

Viele Neutrale mochten – wie Campell, der desshalb zur französischen Partei übertrat, – fürchten, wenn das französische Bündniss nicht zu Stande komme, werde es dann

---

[1] Es lag derselbe wahrscheinlich also nicht in den Händen einer Partei, sondern des Pöbels, der überhaupt bei solchen Anlässen mitten im wildesten Parteigetriebe seine eigenen Wege geht.

[2] Sprecher sagt darüber pag. 212: „gleichwol (obwohl der Rath von Venedig mit Rücksicht auf die Beschuldigung, als ob er der Herrschaft von Venedig eine Anzahl Volks versprochen und Geld darauf empfangen habe, die Sache aufs gelindeste darstellte) war der von Salis grausamb gefoltert und wäre schwerlich dem Leben entgangen, wann nit vermitlist des alten Landammanns zu Zutz, Riget von Planta, Jakobi Burgers zu Chur Vatter, welcher sich mit gewehrter Hand eingelegt und diesem ob gemeldten Rudolf von Salis trewlich geholffen, und beigestanden und ihn entschuldiget; gleichwohl aber war er umb 2000 fl. gestrafft worden" etc.

Spanien gelingen, ein solches mit Rhätien abzuschliessen, und der Gesandte Spaniens rechnete jedenfalls ebenfalls so, als er den Rath gab, mit den Neutralen gemeinsame Sache zu machen.

Wir glauben aber, es hätten die Neutralen, unterstützt von der französischen Partei (und den Prädikanten), ein Bündniss mit Spanien stets leicht verhindert.

Das französische Bündniss zu stürzen, gelang nun allerdings dem Strafgerichte in Zutz[1] nicht und insofern hatten also die Planta gegenüber den Salis eine Schlappe erlitten. Aber sie durften sich trösten, der dominirende Einfluss schien doch immer noch entschieden mehr auf ihrer Seite zu sein, als auf Seite der Salis.

Zwar war im Jahre des französischen Bündnisses Bischof Thomas von Planta[2] ins Grab gesunken; aber es war ja ein Gesinnungsgenosse des Herrn von Rhäzüns Bischof geworden, der Sohn desselben war Domdekan, und man wird kaum zu weit gehen, wenn man mit den Zeitgenossen annimmt, dass die Planta die Absicht hatten, diesen, seiner Zeit, ebenfalls auf den bischöflichen Stuhl zu setzen.

In dieser allzusehr hervorragenden Stellung der Planta liegen denn auch zum Theil die Ursachen des Sturzes des Herrn von Rhäzüns.

Sein Uebermuth wuchs und entsprechend mehrte sich die Zahl seiner Feinde. Schwere Gewitterwolken zogen sich

---

[1] Wenn wir die Haltung der spanischen Partei in diesen drei Strafgerichten prüfen, müssen wir gestehen, dass die spanische Partei keineswegs sehr schroff vorgegangen war, zumal wenn wir in Betracht ziehen, dass die Ursache zu den Unruhen von 1550 und 1565 im französischen Bündnisse lag und es gewiss damals keines grossen Anstosses bedurfte, um auch die Neutralen für ein Strafgericht zu gewinnen. Die Strafgerichte, die dann in der Folge von der französischen Partei ausgingen, tragen vielmehr das Gepräge einer masslosen Leidenschaft, woran allerdings auch die schwülere Luft schuld war, die von 1550—1650 über Europa lagerte.

[2] Bischof von 1549—68.

— 31 —

über seinem Haupte zusammen, die allerdings in normalen Zeiten vorübergegangen sein möchten, ohne ihre vernichtenden Blitze zu entladen.

Capitel III.

Die geistliche Stiftung in Teglio. — Das päpstliche Breve.

s war im Jahr 1570, als Johann von Planta durch Papst Pius V. die Vollmacht erhielt, die Güter des eben erst aufgehobenen Humiliatenordens im Veltlin, welche in die Hände von unberechtigten Personen übergegangen seien, zurückzufordern in seinem (des Papstes) resp. der katholischen Kirche Namen [1].

Das erste bezügliche päpstliche Breve ist nach Campell im Mai 1570 von Papst Pius V ausgestellt worden.

Egli, der Kollege Campells in Chur, berichtet hingegen in einem Schreiben an Bullinger, vom Dezember 1571, das erste Breve sei am 9. September, das zweite am 15. September 1570 ausgestellt worden [2].

---

[1] Wir deuteten in der Einleitung an, was wir für eine Ansicht haben in Bezug auf die Klosterfrage. Für paritätische Staaten, in welchen die Klöster in der Zeit der ersten Gährung aufgehoben worden waren, wäre es angezeigt gewesen, später diesfalls den Katholiken wieder entgegenzukommen, wenn man anders wirklich den Frieden wollte und nicht selbst aggressiv vorzugehen gedachte, was übrigens bei Graubünden entschieden der Fall ist. Es ist das auch begreiflich, die Protestanten waren ja in der Mehrheit und das sagt für jene Zeit genug.

[2] Simlerische Saml. in Zürich. Schreiben vom 18. Dez. 1571: „cum post majorem bullam duae istae breves sint datae, una 15. Sept. altera 9. Sept. etc.

Da nun zudem Campell im November 1571 an Bullinger schreibt, der Sohn des Herrn von Rhäzüns hätte, als er vor einem Jahr in Rom geweilt, zwei «Diplomata» vom Papst erhalten, wobei er freilich meint, das eine sei die Bulle gewesen, welchen Irrthum wir noch berichtigen werden — so scheint uns Egli's Angabe die wahrscheinlichere.

Es wurden damals vielleicht blos pro forma zwei Breven ausgestellt.

Im ersten ertheilte, wie gesagt, der Papst dem Johann Planta die Vollmacht, die der katholischen Kirche im Veltlin entfremdeten geistlichen Güter, besonders die Propstei St. Ursula zu Teglio, welche dem Humiliatenorden angehört hatte, zurück zu verlangen.

Im zweiten Breve, das wirklich, wie Egli angibt, vom 15. September datirt ist[1], wird diese Vollmacht wiederholt und erhält Planta zugleich die Befugniss, solche Benefizien selbst auf seine Söhne übertragen zu können.

Dasselbe lautet: Cum itaque nuper per alias nostras literas, etiam in forma Brevis, tibi facultatem recuperandi praeposituram St. Ursulae de Tilio tunc a quodam Petro Guikardo laico conjugato, ac omnia beneficia ecclesiastica quomodolibet qualificata Ordinis Humiliatorum in Valle Tellina Comitatus Clevensis Comensis dioecesis consistentia, et ab haereticis et laicis etiam conjugatis aliisque inhabilibus personis indebite occupata motu proprio et ex nostra certa scientia ac de apostolica plenitudine potestatis concesserimus prout in dictis litteris plenius continetur,

Nos ne in recuperandis praepositura et aliis beneficiis hujusmodi aliquod grave dispendium patiaris, sed pro laboribus et expensis, quae propterea es perpessurus, compensandis et remunerandis te tuosque heredes et succesores aliquibus Apostolicae Sedis favoribus et gratiis prosequi volentes, motu ac scientia similibus tibi tuisque haeredibus et successoribus quibuscunque ex nunc prout ex tunc, et e contra,

---

[1] Vid. Anzeiger für Schweizergeschichte (1888) pag. 196.

postquam praepositura et alia beneficia praefata ac quodlibet ipsorum recuperata a te fuerint, plenam ac liberam potestatem, facultatem, auctoritatem et jus praesentandi pro una et prima vice dumtaxat Sedi praefatae vel loci Ordinario aut ejus in spiritualibus vicario generali ad praeposituram et alia beneficia praefata, quomodolibet ipsorum, quem vel quos volueris, etiam filios dummodo idonei fuerint ... per Sedem Apostolicam seu Ordinarium instituendos ... tenore praesentium concedimus.

Sodann folgt noch die Aufforderung an die Bischöfe von Chur und Como, Planta hierin beizustehen [1].

Auf keinen Fall, das darf jetzt schon konstatirt werden, war damals, im Herbst 1570, schon eine Bulle dem Planta zugestellt worden; es heisst ja ausdrücklich von jenen litteras, sie seien auch in forma brevis [2] ihm ertheilt worden.

Der Humiliatenorden, gegründet im 11. Jahrhundert von vornehmen Mailändern — die aus der Gefangenschaft Barbarossa's zurückkehrten, war, nachdem er im 14. Jahrhundert die Sanktion der Kirche erhalten hatte, allmälig zu grossem Reichthum gelangt. Im 16. Jahrhundert besass er 94 Häuser, von denen jedes an hundert Personen hätte ernähren können [3]. Aber er hatte damals so wenig Mitglieder, dass nur ihrer zwei auf ein Haus kamen.

Der Orden, der nie für die stramme Disziplin Roms geschwärmt zu haben scheint, sympathisirte in den Tagen der Reformation mehr mit der letztern, als mit dem streng katholischen Geiste, den Pius V. und der Kardinal Borromeus,

---

[1] Anzeiger pag. 196.

[2] Der Unterschied zwischen einem Breve und einer Bulla ist folgender: Eine Bulla, auf Pergament geschrieben, mit dem grossen Siegel versehen, war ein offizieller Erlass des Papstes mit Zuziehung der Kardinäle. In den Breven spricht der Papst ohne die Kardinäle und siegelt blos mit dem Fischerring, dem kleinen päpstlichen Siegel.

[3] Ranke Bd. III pag. 28

zu dessen Diözese die Humiliaten gehörten, zu verbreiten suchten.

Als der Kardinal sich daran machte, den Orden in seinem Sinne zu reformiren, widersetzte sich derselbe, offen und geheim, und trachtete schliesslich sogar dem Kardinal Borromeus nach dem Leben. Nach einem misslungenen Attentate der Humiliaten auf den Kardinal wurde der Orden, wie es nicht anders zu erwarten war, vom Papste aufgehoben.

Nun erhoben sich allerlei Schwierigkeiten bezüglich der Güter des Ordens. Der Kardinal suchte getreue Anhänger als Pröpste einzusetzen und gedachte einen Theil der Einkünfte des Ordens zur Heranbildung tüchtiger katholischer Geistlichen zu verwenden.

Es ist für uns besonders interessant, die Schwierigkeiten, die sich mit Rücksicht auf die Erbschaft der Humiliaten in der Eidgenossenschaft erhoben, etwas genauer zu prüfen.

Im Jahr 1571 beklagt sich der Propst von Lauis bei der Tagsatzung in Baden darüber, dass ihn der Kardinal Borromeus von seiner Pfründe zu verstossen beabsichtige, trotzdem er seiner Zeit mit grossen Kosten von den XII Orten und ihren Landvögten, vom Papst und von zwei Obersten des Humiliatenordens Brief und Siegel über seine Konfirmation erhalten habe. Er bittet die XII Orte, als seine natürlichen Lehensherren, ihn auf dieser Propstei bleiben zu lassen [1].

Auf dem nun folgenden Tage zu Baden wiederholt er sein Verlangen. Sechs Orte: Luzern, Uri, Schwyz, Unterwalden, Zug und Freiburg sprachen die Propstei dem Kardinal zu, die reformirten Orte, mit Solothurn, dem Propste. Der Landvogt von Baden, der nach altem Usus bei gleich getheilten Stimmen den Stichentscheid hatte in Bezug auf die Angelegenheiten der gemeinen Herrschaften, sprach sich zu Gunsten der katholischen Orte aus [2].

---

[1] Abschied 368 d. IV 2.
[2] Abschied 371 n. IV 2.

Noch aber war die Sache nicht erledigt, die reformirten Orte bestritten dem Landvogt das Recht des Stichentscheides, weil er nur im Namen der VIII Orte in Baden sei, es sich aber um ein Besitzthum der XII Orte handle [1].

Es entstand darüber ein gereizter Briefwechsel zwischen den beiden Parteien. Auch der Kardinal Borromeo und der Bischof von Como richteten Schreiben an die Tagsatzung, worin sie das Recht, Pfründen zu verleihen, für sich in An-

---

[1] Eine Konferenz der sechs Orte: Zürich, Bern, Basel, Schaffhausen, Glarus und Solothurn trat am 20. August 1571 in Aarau zusammen, um gegen das Vorgehen der sechs katholischen Orte in Sachen der Propstei zu Lauis zu protestiren. Nach alter Uebung, so sagen sie, habe man die Propstei zu Lauis gemeinsam verliehen; der Erwählte habe vom Landvogt und später von den XII Orten die Bestätigungsbriefe erlangt; es haben aber letzthin die sechs katholischen Orte den Erwählten auf Begehren des Kardinals (Borromeus) wieder entlassen und diesem bewilligt, die Propstei anderwärts zu vergeben, welchen Entscheid der Landvogt von Baden, bei gleich getheilten Stimmen, herbeigeführt habe. (Es ist uns sonst nicht bekannt, dass der Landvogt von Baden einen Stichentscheid hatte, jedenfalls nur in Bezug auf Angelegenheiten der gemeinen Herrschaften minder wichtiger Natur, die nicht ad referendum genommen wurden, was hier dann aber der Fall war (vid. Absch. 371 Bd. IV 2. Abth.).

Die sechs genannten Orte erinnern daran, wie die 12 Orte bisher die Vogtei Lauis gemeinsam regiert hätten, wie weder der Papst noch andere geistliche Herren bei Verleihung von Pfründen oder in der Verwaltung geistlicher Güter sie irgendwie gehindert hätten, wesshalb sie sich diesem Entscheid des Landvogtes nicht unterwerfen können (Absch. IV. 2. pag. 1222).

Es ist fast unbegreiflich, mit welcher Starrheit und Unversöhnlichkeit sich auch in materiellen Fragen die beiden Konfessionen damals gegenüberstanden.

Die katholische Kirche ignorirt stets die protestantische, und spricht nach wie vor nur von einer Kirche, die allein Rechte hat, obschon selbst der zweite Landfriede beide Kirchen anerkannt hatte. Ganz gleich machen es die Protestanten; sie berufen sich darauf, früher hätte der Kardinal (die Kirche also) sich auch nicht eingemischt in die Pfründenverleihung. Als ob die Sachen jetzt noch gelegen wären, wie damals!

Der Humiliatenorden war eben nicht mehr als katholisch anerkannt und gewiss wäre es früher keinem Staate eingefallen, Ketzer

spruch nahmen und behaupteten, die Landvögte hätten sich damit nicht zu befassen[1].

Schliesslich scheint es doch bei jenem Entscheide geblieben zu sein. Wahrscheinlich brachten die katholischen Orte dann auch Solothurn auf ihre Seite. Eine Konferenz der V katholischen Orte in Luzern (1571, 14. August) beschliesst nämlich, eine Gesandtschaft an Solothurn zu schicken, mit der Mahnung, sich bezüglich dieses Handels nicht zu fest zu vertiefen und sich von den katholischen Orten nicht zu söndern.

Die Einkünfte dieser Propstei, wie auch derjenigen in Luggarus (ebenfalls dem Humiliatenorden angehörend) wurden ohne Zweifel dem Kardinal Borromeus überlassen, zum Theil wohl später (1579) zu Gunsten von dessen Stiftung, dem Collegium Helveticum in Mailand[2].

Es beschliessen nämlich die V Orte, in der gleichen Sitzung dem Kardinal zu schreiben: «dass ihm die zwei Propsteien conditionaliter übergeben werden, um mit Bewilligung des Papstes dieselben zu verschmelzen und zu einem Seminarium für Heranbildung gelehrter Priester im Flecken Luggarus

gegen den Papst in Schutz zu nehmen, abgesehen von der staufischen Zeit, in welcher ähnliche Gegensätze bestanden.

Unversöhnliche Gegensätze wahrlich, die sich da gegenüberstanden. Dabei glauben wir nicht, dass man nicht hüben und drüben sollte erkannt haben, wie unhaltbar es eigentlich war, sich immer auf die Vergangenheit zu stützen. Aber man musste aus praktischen Gründen mit der historischen Erinnerung rechnen. Darum betont der Protestantismus immer wieder, die alte christliche Kirche, wie sie in der ersten Zeit bestanden habe, sei wieder hergestellt worden, während ebenso die römischen Bischöfe sich die ununterbrochenen Nachfolger des Apostels Petrus nennen.

[1] Absch. 379 f. IV. 2.

[2] Anfänglich mochte ein Theil für das Priesterseminar in Pollegio verwendet worden sein; auch ein Jesuitencollegium gedachte man in Locarno zu stiften. Das Collegium Helveticum, das 1579 in Mailand errichtet wurde, nahm aber wohl die überflüssigen Geldsummen in Anspruch.

einzurichten, wie er selbst anerboten und gemeinen Eidgenossen versprochen habe, dass deren Einkünfte nirgend anders wohin, am wenigsten ausser das eidgenössische Gebiet verwendet werden dürfen; desshalb wünsche man unverzügliche Antwort, ob er diesem nachkommen oder was er im Sinne habe.

Von weiterm Briefwechsel ist uns nichts bekannt. Allein da jeder Protest der reformirten Orte aufhört, ist es wohl zweifelsohne, dass man sich gefügt hat, und bezüglich der Verwendung der Einkünfte konnten die katholischen Orte wohl zufrieden sein, da ja auch das Collegium Helveticum speziell für die Heranbildung schweizerischer Geistlicher bestimmt war.

Im Veltlin besass nun der Humiliatenorden als wichtigste Besitzung das St. Ursulastift zu Teglio. Dasselbe war aber schon lange vor der Aufhebung des Ordens seinem Zwecke entfremdet worden.

Durch Beschluss des Bundestages vom 18. Januar 1555 war dasselbe der Familie Guicciardi in Teglio in Verwaltung übergeben worden und die Einkünfte wurden für den Unterhalt protestantischer Geistlicher im Veltlin verwendet.

Es ist gar nicht auffallend, dass in jenen Tagen kein Protest gegen diesen Beschluss des Bundestages von Rom aus erfolgte. Die Auffassung seitens der katholischen Kirche erfolgte eben erst beim Schluss des Konzils zu Trident.

Schon lange vor jenem Beschluss des Bundestages waren übrigens die Guiccardi, eine angesehene Veltlinerfamilie, im thatsächlichen Besitz der Propstei gewesen. Egli in Chur berichtet in einem Schreiben an die Brüder (Collegen) in den Bünden [1], von welchem wir noch mehrmals sprechen werden: «die Guicciarden haben die Propsty seit 40 Jahren gehabt». Also schon wenige Jahre nach den Ilanzerbeschlüssen gelangte dieselbe in den Besitz der genannten Familie. Auf welche Weise ist nicht sicher festzustellen. Vielleicht gehörte einer aus der

---

[1] Schreiben vom 7. Januar 1572. Siml. Samml.

Familie dem Orden an und trat dann zum Protestantismus über (mit der ganzen Familie), behielt aber die Propstei nach wie vor. Möglich also auch, dass aus diesem Grunde die Familie die Propstei in Folge des Artikelbriefes [1] an sich zu bringen wusste, gleichviel, ob sie dann wirklich mit Recht solche Ansprüche machen konnte, oder blos erdichtete Ansprüche zum Vorwand nahm.

Egli berichtet in dem genannten Schreiben ferner, es hätten ihm eine Anzahl glaubwürdiger Geistlicher versichert, dass «vil dises einkommens von ihren vordern gestiftet worden».

Wenn nun der neu erstarkte Katholizismus auch hier in ganz energischer Weise Ansprüche machte auf diese Propstei, so geschah dies sicher nicht blos, um deren Einkünfte jener Stiftung des Kardinals in Mailand zuzuwenden, sondern auch desshalb, weil dieselben eben zur Unterstützung der Prädikanten im Veltlin dienten, und das Haus der Guicciardi «ein offen gasthaus für die armen Vertriebenen gewesen war [2]».

Es waren im Veltlin eben nirgends ganze Gemeinden und in den wenigsten ansehnliche Bruchtheile zum Protestantismus übergetreten, so dass die Prädikanten daselbst allerdings ohne diese Hülfe nicht wohl existiren konnten. Egli klagt diesfalls [3]: «diese Prädikanten stehen sonst schlecht, sie haben blos 40 Kronen Pfrund und diese Propsty wurde treulich zu hilf armer vertriebener Prädikanten verwendet».

Die natürlichste Verwendung der Einkünfte solcher streitigen Propsteien war jedenfalls die für Schulzwecke, keinenfalls aber die für den Unterhalt von Geistlichen.

---

[1] Derselbe sagte in Bezug auf die nach dem Absterben der Mönche zu beerbenden Klostergüter „es soll und mag dar nach sömlich guet wytter hinder sich dem rechten natürlichen erben heim dienen und fallen und werden, ob man die weys — wo aber dieselben nit vorhanden, soll ain punth nach irem guetten bedunken sollich gült (ver)wenden etc.". Man sieht, die Beschlüsse waren eigentlich nur für die drei Bünde berechnet.

[2] Für die vielen Flüchtlinge aus Italien.

[3] Schreiben vom 7. Januar 1571.

Wenn daher Borromeus die Güter des aufgehobenen Humiliatenordens hauptsächlich für seine neue Stiftung, das Collegium Helveticum, ins Auge fasste, so muss zugegeben werden, dass dies ein feiner Schachzug war. Die Heranbildung von tüchtigen katholischen Geistlichen war jedenfalls ein Bedürfniss, namentlich für's Veltlin; Klagen über die Unwissenheit des Klerus gelangten ja öfters an den Bundestag[1]. Und nun nahm der Kardinal den drei Bünden die Sorge dafür mit einem Male ab, indem er das genannte Kollegium stiftete, in welches 20 Jünglinge aus dem Veltlin und 20 aus den eidgenössischen Vogteien sollten eintreten dürfen.

Capitel IV.

Die päpstliche Bulle.

Nachdem also Planta zuerst päpstliche Vollmachtsbriefe bezüglich jener Propstei erhalten hatte, schickte ihm der Papst am letzten Februar des Jahres 1571 neuerdings eine Vollmacht zu und zwar diesmal eine Bulle.

Diese ertheilte Planta die Befugniss, dass er alle Benefizien der katholischen Kirche, die ihr durch Häretiker entfremdet worden waren, wieder erlangen könne und zwar in beiden Bisthümern Chur und Como: «ut in tota Dioecesi Curiensi[2] et dictione Rhaetorum Grisonum nuncupatorum sive dicta Valtelina vel Comitatu Clavennae eiusdem Dioecesis Comensis omnia et quaecumque Beneficia ecclesiastica

---

[1] Bott pag. 6.
[2] Vergleiche damit Anzeiger pag. 196.

... recuperare possit [1]». Auch für alle diese wird Planta zum Verwalter des päpstlichen Stuhles ernannt «cum omnibus et singulis honoribus» etc.

Im weitern bezeichnet die Bulle noch speziell als zurückzufordernde kirchliche Pfründe diejenige des Benediktiner-, resp. Prämonstratenserordens in Bendern. Planta erhält die Competenz: «praesertim eos, qui se gerunt pro monachis monasterii de Bendern Ordinis St. Benedicti[2] praedictae Curiensis dioecesis, quod olim monasterio St. Lucii ejusdem ordinis ante istius monasterii S. Lucii usurpationem et profanationem per haereticos factas perpetuo unitum et postea quondam Bartholomaeo de Castromuro olim decano ecclesiae Curiensis tunc in humanis agente ad ejus vitam[3] dicta auctoritate commendatum fuit, et post dicti Bartholomaei obitum absque ejusdem Sedis, ad quam istius monasterii tamquam illi affecti dispositio pertinebat, licentia per eosdem monachos detentum fuit, prout adhuc detinetur ..... expellere et amovere».

Die Bischöfe von Chur und Como, sowie alle andern Prälaten, welche genannter Johann anrufen würde, heisst es weiter, sollen ihn in allen Streitigkeiten unterstützen.

Auch den Patriarchen von Alexandria, sowie die Bischöfe von Basel und Konstanz, sollte er anrufen können zu seinem Schutze, und bei den höchsten Kirchenstrafen verbietet der Papst, dass niemand es wagen solle, den genannten Johann zu verhindern oder zu beschweren «ne dictum Joanem quomodolibet infringere, molestare vel impedire audeant».

Auch dann soll ihm Hülfe geleistet werden, wenn andere Richter oder Kommissäre die Sache anders beurtheilen würden.

[1] Wir geben die Bulle im Auszug nach der Abschrift, die Campell von derselben nahm.
[2] Nach Campell I pag. 39 wurden im Jahr 1139 die allzu frei lebenden Benediktinermönche des Klosters St. Luzi durch Prämonstratenser ersetzt, daher hat Campell wohl absichtlich „Ordinis S. Benedicti" gesetzt an die Stelle von „Ordinis S. Norberti". Vergleiche Anzeiger pag. 197.
[3] ad ejus instantiam hiess es ursprünglich.

Durch apostolische Schreiben werden der Patriarch von Alexandria und die Bischöfe von Konstanz und Basel aufgefordert, die dem Johann widersprechenden «ubi et quando opus fuerit» durch Sentenzen, Strafen und andere rechtliche Mittel, mit Hintansetzung jeder Appellation, anzuhalten und dieses, wenn nöthig, mit Hülfe des weltlichen Armes: «etiam ad hoc si opus fuerit auxilium brachii secularis ad judicium evocetur».

Alles das solle geschehen, ohne Rücksicht auf Einwände, welche in Folge früherer Verfügungen der Päpste erhoben werden könnten.

Niemand ist es erlaubt, sagt schliesslich die päpstliche Bulle, diesen Brief, unsere Konzessionen, Vollmachten etc. anzufechten, und wer es doch thäte, zieht sich zu «indignationen omnipotentis Dei ac Beati Petri et Pauli apostolorum».

Wir sehen also, in allen diesen päpstlichen Schreiben (Breven und Bullen) behandelt der Papst die ganze Sache gerade so, als ob es jetzt wie ehemals nur eine Kirche gäbe[1].

Schon der Vorgänger Pius' V. hatte von den drei Bünden im Jahr 1561 verlangt, dass man ihm gestatte, jederzeit päpstliche Breven und Bullen, überhaupt Verordnungen und Bekanntmachungen des heiligen Stuhles nach seinem Gutfinden zur öffentlichen Kenntniss zu bringen. Die Bündner wiesen damals mehrere andere Forderungen des Papstes energisch zurück; bezüglich jenes geforderten Privilegiums, Bullen nach Belieben zu vertheilen, findet sich in der Antwort nichts, obwohl auch diese Forderung von den Prädikanten heftig angegriffen worden war.

Es ist daher ausser allem Zweifel, dass kein gesetzliches Verbot bestand, solche Schreiben anzunehmen, wie auch der

---

[1] Es kann uns das übrigens für jene Zeit gar nicht wundern, anerkennt die katholische Kirche doch heute noch die protestantische Kirche nicht als gleichberechtigt an.

Herr von Rhäzüns im Beitag zu Chur gegenüber Egli behauptet: «so seye es nicht verboten, Brieff vom Pabst zu nehmen [1]».

Einzig eine Stelle aus dem Kesselbrief (vom Jahr 1570) konnte unter Umständen darauf bezogen werden. Es heisst darin nämlich, wenn es sich über kurz oder lang fände, dass jemand «prattung brucht mit miet und gaben, schenkhungen verhaisen, pittlich obligen oder wie sich dasz doch erfinden möchte etc. [2]».

Diese Stelle versuchte offenbar später der Ankläger zu benutzen [3] und der Herr von Rhäzüns vertheidigt sich dagegen: «die Bull sige ime zugeschickt on sin besunder begeren [4]».

So viel scheint einzuleuchten, der Entgegennahme der Bulle von Seite des Herrn von Rhäzüns stand keine gesetzliche Bestimmung im Wege.

Aber die Gesetze reichten ja in jener Zeit in keiner Weise aus. Es frägt sich daher auch, wie verhält es sich mit dem bisherigen usus und vor allem mit den Rücksichten, die Planta seinem Staate als einem republikanischen Gemeinwesen schuldig war.

Jedenfalls war seit der Reformation ein ähnlicher Fall nicht vorgekommen. Aber Rom hatte sich bisher um Graubünden wenig gekümmert und wollte dieses nun nachholen. (Daher auch die Verleihung von päpstlichen Ritterketten.)

Aggressiv war dieses Vorgehen allerdings gegenüber dem frühern Verfahren, die Dinge gehen zu lassen wie sie konnten und mochten.

Verwundern aber kann uns diese Haltung Roms keineswegs; — und es hat dieselbe nichts zu thun mit den Ketzerverbrennungen in Italien, Spanien etc. — Nirgends war bei uns ein Vertrag zu Stande gekommen zwischen Katholiken

---

[1] Schreiben vom 7. Januar 1572.
[2] Jeklin: pag. 114.
[3] Campell II pag. 493.
[4] L. St. Prozessakten.

und Protestanten in Bezug auf die Kirchengüter und es war doch noch immer fast die Hälfte des heutigen Kantons Graubünden und nahezu das ganze Veltlin katholisch geblieben.

Planta war zudem Jurist und, juristisch genommen, waren ja alle Ansprüche der Protestanten, wenigstens auf Klöster und Abteien, haltlos; der Protestantismus musste sich sein Recht überhaupt erst schaffen [1].

Die einzige gesetzliche Bestimmung, die Graubünden über diese Materie hatte, sind nun eben jene Ilanzerartikel, abgefasst in einer Zeit, in welcher die Katholiken völlig ohne Führung waren.

Dann erfolgten Bundestagsbeschlüsse rücksichtlich der geistlichen Stifte im Veltlin, wie der genannte von 1555. In den Bünden selbst blieb die Sache den einzelnen Bünden überlassen und hier entschied die Tagesströmung.

Solche Zustände konnten natürlich die Katholiken auf keinen Fall befriedigen und der Versuch, die Sache noch einmal in Fluss zu bringen, lag nahe.

Mittlerweile hatte sich ja die katholische Kirche auch — freilich nach ihrer Art — reformirt, und die Klöster sollten fortbestehen, während seiner Zeit vielleicht manche fromme Katholiken geglaubt hatten, es werde sich die katholische Reform gerade nach dieser Seite hin erstrecken.

Und was nun den Verkehr eines Republikaners mit dem Papste anbelangt, so ist derselbe auf keinen Fall gleichzustellen mit der Anlehnung an einen weltlichen Souverän.

---

[1] In den Staaten, in welchen die Reformation völlig gesiegt hatte, musste sich die Lösung der materiellen Fragen leicht, ja im Vergleich zu den paritätischen Staatswesen von selber ergeben. Die Kirchengüter, die früher der katholischen Kirche gehört, gehen in diesen einfach auf die protestantische über und in Bezug auf die Klöster mussten sich der Staat und die neue Kirche um so eher einigen, als die letztere unmöglich hartnäckige Ansprüche auf die Güter von Corporationen machen konnte, die sie selbst so energisch bekämpfte.

Planta hatte ja nicht mit dem Fürsten des Kirchenstaates, sondern mit dem Oberhaupte seiner Kirche zu thun.

Kehren wir nach diesen Abschweifungen auf jene Bulle vom Februar 1571 zurück.

Es ist das Verdienst des Herrn Pfarrer Meyer von Oberurnen, gegründet auf die Einsicht der päpstlichen Missiven in den Sammlungen des Vatikan die richtige Reihenfolge besagter päpstlicher Breven und Bullen festgestellt zu haben [1]. Nur ist nicht a Porta, sondern Campell der Urheber der irrigen Datirung der Bulle [2], nach welcher dieselbe vom Jahre 1570 sein soll. Denn a Porta [3] ist in seinen bezüglichen Angaben genau nur Campell gefolgt, ebenso wie alle unsere spätern Historiker. So wurde denn allgemein geglaubt, Planta habe zuerst die Hauptbulle erhalten und dann erst die beiden Breven.

Da es sich nun umgekehrt verhält, steht auch der ganze Bullenhandel in anderm Lichte da.

Fragen wir nun aber, woher rührt die Verschiedenheit in den Angaben über das Datum der Bulle? Campell lebte doch mitten in den Ereignissen und seine Angaben sind sonst sehr zuverlässig. Auch kann es sich bei seiner Erzählung unmöglich etwa blos um einen Schreibfehler handeln; denn er bemerkt ausdrücklich, der Papst hätte die beiden Breven nachträglich ausgestellt, damit Planta die ältere Bulle im Nothfalle, d. h. wenn Unruhen entstehen sollten, nur auf die Seite zu schaffen brauche.

Und wir haben auch bereits zwei Schreiben erwähnt von Campell und Egli, vom November und Dezember 1571, mit den gleichen Angaben. Sollten nun die beiden Geistlichen absichtlich die Sache haben falsch darstellen wollen, und zu welchem Zwecke? Das ist doch kaum gedenkbar.

---

[1] Im Anzeiger pag.: 195.

[2] Ihm folgen darin die spätern Historiker.

[3] a Porta kann überhaupt kaum als Quelle für das 17. Jahrhundert, geschweige denn für das 16. Jahrhundert gelten, obschon er sehr oft citirt wird.

Campell hat, wenn nicht vom Original, so doch von einer Kopie der Bulle seine eigene Abschrift angefertigt und dennoch gibt er, wie gesagt, an, dass dieselbe im Jahr 1570 gegeben sei.

So bleibt denn zur Erklärung nichts anderes übrig, als die Annahme, dass das von Planta eingereichte Original von diesem selbst mit der irrigen (gefälschten) Jahrzahl 1570 statt 1571 versehen worden sei.

Wahrscheinlich wollte Planta im Jahr 1571 nicht mehr mit dem Papst verkehrt haben. Allein gerade dadurch hat er sein Verderben beschleunigt, indem seine Gegner immer von neuem betonen, seine Hauptschuld liege darin, dass er die gefährliche Bulle so lange verheimlicht habe [1]. Warum aber kehrte er nicht später doch noch zur Wahrheit zurück? Es ist schwer, sich in diesem Labyrinth zurecht zu finden; allein, wenn nicht alles trügt, fürchtete Planta in diesem Falle seine Behauptung, er habe die Bulle nicht erbeten, fallen lassen zu müssen; denn sein erneuerter Verkehr mit dem Papste, nach Empfang der Breven, machte dieselbe allerdings unwahrscheinlich, auch mochte er sich wirklich diesfalls schuldig fühlen. Uns scheint wenigstens, die Bulle hat ihm der Papst wirklich auf seinen Wunsch hin zugeschickt.

Immerhin entsprang die Idee, die Güter jenes Ordens wieder zu erlangen, jedenfalls dem Kopfe des Kardinals, Borromeus; er war ja in gleicher Weise in der Eidgenossenschaft thätig. In Bezug auf die Ausführung aber ist es kaum denkbar, dass der Herr von Rhäzüns nicht befragt worden wäre.

Die Bemerkung der Bulle vom Februar 1571, der Papst thue dies nicht auf Bitten Planta's oder dessen Auftraggeber [2],

---

[1] So verurtheilt ihn der Beitag vom 2. Februar desshalb zu 200 Kronen Busse, „weil er in dem gefehlt, dz. er die Bulla nit angäntz gmeynen landen fürgelegt.". Abschied St. Chur.

[2] non ad ipsius Joanis vel alterius pro eo nobis super hoc oblatas petitiones.

sondern aus eigenem freien Willen, bestätigt diese Ansicht. Planta war ja selbst eifrig thätig gewesen für das Zustandekommen des Kesselbriefes von 1570, worin «pittlich obliegen» verboten war [1].

Ist es da nicht sehr wahrscheinlich, dass jene Bemerkung auf seine Veranlassung hin in die Bulle kam?

Wenn nun aber der Herr von Rhäzüns nie einen Versuch macht, die Bulle auszuführen, sondern sich lediglich an die früher ausgestellten Breven hält, kann es kaum einem Zweifel unterliegen, dass er durch erstere blos eher zu seinem eigentlichen Ziele, Erwerbung der Propstei, zu gelangen hoffte.

Leider ist es nicht ganz klar, auf welche Weise die Bulle in die Oeffentlichkeit drang. Zuerst erhielt Campell, der Schwager des Kommissarius Balthasar Planta (Bruders des Herrn von Rhäzüns), davon eine Abschrift. Monate lang waren die beiden Stadtpfarrer in Chur die einzigen, die den Inhalt der Bulle genau kannten; aus Furcht vor der Macht der Planta schwiegen sie und, wie Campell versichert, auch weil sie Argwohn hegten, die Bulle sei nicht ächt.

Allein, wenn man bedenkt, dass die Bulle nur eine Bedeutung hatte, wenn sie auch den Häuptern der Gegenpartei bekannt war [2], kann kaum gezweifelt werden, dass der Herr von Rhäzüns absichtlich den Churer Pfarrern die Kenntniss derselben nicht vorenthielt [3].

Er unterhandelt ja auch mit denselben in einer Weise, als ob die ganze Sache nur sie anginge.

---

[1] Schon im Jahr 1569 brachte er es dazu, dass der obere Bund ähnliche Bestimmungen, wie sie im Kesselbrief enthalten sind, annahm.

[2] Das war ja auch dann so, wenn sie wirklich durchgeführt werden sollte.

[3] Dass die Bulle speziell für die Prädikanten berechnet war, scheint auch desshalb unzweifelhaft, weil sie eine zweite Abschrift derselben erhalten und diesmal eine genaue, bevor sonst jemand etwas von ihr weiss.

Er mochte — und nicht ganz mit Unrecht — denken, wenn er die Zustimmung der Churer Pfarrer besitze, werde er jedenfalls seinen Zweck erreichen. Diese aber konnte er nur dazu bringen, in sein Vorhaben einzuwilligen, wenn er ihnen begreiflich machen konnte, dass sie anderseits noch viel mehr riskirten. Darum wohl die Drohung mit den Gütern des Klosters St. Luzi.

Es ist zwar dasselbe nirgends ausdrücklich genannt; die Bulle spricht ja blos von den Besitzungen der Mönche in Bendern. Dorthin aber waren nach der Hinrichtung ihres Abtes die Mönche von St. Luzi geflohen und bildeten nun in ihrer ehemaligen «Filiale» eine Art Kloster, bis sie dann im folgenden Jahrhundert, als die Oesterreicher in Chur hausten, wieder nach Chur zurückkehrten.

Meyer meint, es sei nicht ganz klar, warum die Mönche von Bendern auf einmal als Usurpatoren betrachtet wurden [1].

Auch wir glauben nicht, dass ernstlich etwas gegen dieselben vorlag.

Es schreibt der Rath von Chur am 1. Dezember 1571 an den obern Bund: zu Bendern, Feldkirch etc. hätte man bündnerischen Ehrenleuten vorgeworfen, dass in kurzer Zeit das Papstthum in «unsern landen wiederum, solle aufgericht werden und die Gült des Klosters St. Luzi demselbigen Abt geben werden [2]».

Man glaubte also in Chur daran, mochte dann an jenen Gerüchten etwas wahres sein oder nicht, dass die Mönche zurückzukehren hofften; das beweist doch, dass sie nicht zerfallen waren mit dem Papst.

Indem dieser aber sich so stellte, als liege der gleiche Fall vor, wie bei den Humiliaten, musste es den Prädikanten glaubwürdig erscheinen, dass unter gewissen Umständen

---

[1] Anz. pag. 197.
[2] Schreib. vom 1. Dez. Siml. Samml.

Planta[1] auch hier einzuschreiten gedenke und jedenfalls hatten die Churer Grund, zu wünschen, dass diese Angelegenheit nicht wieder aufgegriffen werde. Hatte man sich doch ganz ohne Formalitäten[2] in den theilweisen Besitz der Güter der Abtei St. Luzi gesetzt (d. h. der Ertrag wurde zu öffentlichen Zwecken verwendet).

In einer Versammlung, die im Pfarrhause in Chur im Dez. 1571 zwischen den beiden Brüdern und dem Schwestersohne des Herrn von Rhäzüns mit den beiden Churer Pfarrern stattfand[3], verspricht der Herr von Rhäzüns, von der Hauptbulle keinen Gebrauch zu machen, ja sie vor ihren Augen zu zerreissen, wenn man ihn bezüglich jener Propstei schalten lasse.

---

[1] G. Mayer (Anzeiger f. schw. G. 1888 pag. 197) spricht die Vermuthung aus, der Domdekan Planta hätte Abt von St. Luzi werden sollen. Dagegen spricht die Bereitwilligkeit Johann Planta's, die Bulle zu vernichten, noch bevor von irgend einer Seite Gefahr drohte. Die libido dominandi des Domdekan (Anzeiger pag. 197) lässt auch eher vermuthen, er habe darnach getrachtet, nach dem Ableben a Porta's Bischof zu werden, was auch die Zeitgenossen annahmen.
Ebendaselbst sagt Meyer ferner, ein eigentliches Kloster habe es in Bendern niemals gegeben. - Mit dem Augenblick, in welchem die Mönche von St. Luzi dorthin zogen und unter einem eigenen Abte weiter lebten, war eben ein Kloster entstanden, resp. das Kloster St. Luzi existirte dort fort.
Dass Rom nicht recht berichtet war über die Verhältnisse daselbst, glauben wir nicht; die Bulle gerade spricht für das Gegentheil. Man kennt den historischen Verlauf der ganzen Angelegenheit, was die Erinnerung an B. v. Castelmur bestätigt. Wann wäre überhaupt Rom in Bezug auf Interessenfragen nicht aufs genaueste unterrichtet gewesen? Wir zweifeln auch nicht, dass man in Rom niemals die Hoffnung aufgab, jene Mönche würden einst nach St. Luzi zurückkehren können. Nur glauben wir nicht, der Papst habe damals gehofft, es sei dafür der richtige Moment gekommen, und auf keinen Fall gab sich Planta dieser Illusion hin.

[2] Die Mönche waren ja vertrieben worden; man liess sie nicht einmal absterben.

[3] Campell II 498.

Also so viel ist sicher, Johann von Planta will die Bulle — mag er sie mit oder ohne seine eigene Zustimmung erhalten haben — benutzen, um die Prädikanten dahin zu bringen, ihm die Propstei im Veltlin zu überlassen, und jedenfalls war der Wortlaut der Bulle günstig, den Prädikanten damit zu imponiren.

Der Stil ist zwar unklarer als in den beiden Breven, die Perioden häufen sich und wollen kein Ende nehmen; aber das musste ja gerade diesen simplen Landpfarrern Respekt einflössen — so mochte man in Rom denken — ebenso wie die in Aussicht gestellte Hülfe, der Patriarch von Alexandria [1].

Und vergegenwärtigen wir uns, wie der Papst, nach allen vernünftigen Begriffen, hätte vorgehen müssen, wenn er wirklich daran dachte, im Gebiete der drei Bünde die Klöster St. Luzi, St. Nikolai, St. Jakob wieder herzustellen.

Dann konnte er doch unmöglich nur einem angesehenen Staatsmann bezügliche Vollmachten ertheilen. Dann musste er sich doch auch an den Bischof wenden und die Gläubigen alle zum Kampfe auffordern; musste sich der Hülfe der katholischen Orte versichern. Denn mochten für die Ansprüche der katholischen Kirche noch so viele Rechtsgründe vorliegen, so befanden sich die Protestanten nun einmal seit Jahrzehnten im ungeschmälerten Besitz der Güter jener Klöster.

Sie darin stören zu wollen hiess zum offenen Kampfe seine Zuflucht nehmen [2].

Daran aber dachte man in Rom auf keinen Fall, das konnte auch den völligen Sturz des Bisthums Chur zur Folge haben.

Schliesslich ist noch über dieses Kapitel zu bemerken,

---

[1] Es fehlen blos noch der Patriarch von Antiochia und Konstantinopel; dann hätte das protestantische Bünden zittern müssen!

[2] Anders war es mit jener Propstei, sie war blos in den Händen eines bündnerischen Unterthanen und Graubünden schaute ja so viel darauf, in welcher Weise die Eidgenossen vorgingen. Dort aber war es gelungen, die Güter des Humiliatenordens für katholische Zwecke zu verwenden.

dass man in Rom ganz sicher abwarten wollte, bis es sich gezeigt, was Planta mit den Breven zu erreichen im Stande sei, oder wenigstens zu thun gedenke, bevor man ihm neue Aufträge ertheilte.

So erklären wir uns diesen Bullenhandel, der in Folge der richtigen Datirung der einzelnen Vollmachten denn auch anders beurtheilt werden muss, als es die Zeitgenossen und die auf Campell gegründeten bisherigen Annahmen, thaten. Denn es ist doch etwas wesentlich anders — und es wäre dies gewiss sogar von dem damaligen Strafgericht in Betracht gezogen worden — ob Planta die gefährlichen Pläne lange in der stillen Brust verschlossen hielt, also mit allem Vorbedacht handelte, oder ob er die Bulle erst seit kurzer Zeit besass.

So wie die Sachen liegen, hat er die Bulle, die ihn aufs Schaffot brachte, nur kurze Zeit für sich behalten; am letzten Februar 1571 ist sie ausgestellt worden — wann sie nach Bünden kam, wird kaum mehr zu ermitteln sein — im November des gleichen Jahres ist sie schon allgemein bekannt, und die Prädikanten kannten sie schon seit einigen Monaten, also fast von Anfang an.

Sehen wir uns Planta's Schuld aber auch rücksichtlich der zur Ausführung seiner Pläne gethanen Schritte etwas näher an.

Dabei ist in erster Linie ins Auge zu fassen, was war seine Absicht, und in zweiter Linie welches waren die Mittel, die von ihm zur Verwirklichung derselben angewendet wurden; denn der Zweck heiligt die Mittel keineswegs, wenn auch eine unzweifelhaft reine Absicht die Schuld der Anwendung falscher Mittel mildert. Die Absicht Planta's ist klar und kann auf keinen Fall so beurtheilt werden, wie dies Bott thut[1], nach welchem es sich um einen Hochverrath gegenüber den drei Bünden handelt.

Der Herr von Rhäzüns will, im Einverständniss mit dem Papste, den Prädikanten im Veltlin das ehemalige Besitzthum einer katholischen Korporation entziehen. Dass er weiter

---

[1] Bott pag. 18.

gehende Pläne hatte, ist durchaus unerwiesen. Pläne des Papstes und des Kardinals aber konnte man damals den Unschuldigen entgelten lassen; auf keinen Fall aber darf dies die Nachwelt thun.

Wenn der Herr von Rhäzüns im Weitern die bewusste Propstei gerade seinem Sohne (in Verwaltung) übergeben will, so bestätigt das allerdings nicht eine uneigennützige Absicht seinerseits.

Diesen Schritt aber nur der Habgier und der blinden Vaterliebe Planta's zuzuschreiben [1], ist wieder zu einseitig geurtheilt. Auf jeden Fall musste der Bewerber um die Propstei aus angesehener Familie sein, wollte man irgend eine Aussicht haben zum Ziele zu gelangen.

Es galt ja einen Schützling und Verschwägerten der Familie Salis zu verdrängen und da mochte sich der Herr von Rhäzüns allerdings sagen, nur mit einem Planta als Gegenkandidat kann ich durchdringen; waren doch damals sonst fast alle einflussreichen Familien zum Protestantismus übergetreten.

Auf der andern Seite aber wurde natürlich dadurch der ganze Streit von vorn herein zum leidenschaftlichen Familienstreit zwischen den Salis und Planta.

Was nun die Mittel anbetrifft, die der Herr von Rhäzüns anwandte, um zu seinem Zwecke zu gelangen, so können wir diese am wenigsten billigen.

Zwar gibt er sich, wie wir bereits bemerkten, keineswegs Mühe, den Inhalt der Breven und Bullen geheim zu halten und handelt insofern offen. Noch auf dem Beitage vom 2. Januar 1572 sagt er, man solle die Bulle reden lassen bezüglich seiner Schuld.

Allein, wenn sich der Herr von Rhäzüns im Herbst des Jahres 1571 einfach mit seinem Sohne nach dem Veltlin begibt und dort durch die zwei in Betracht kommenden Amtleute des Veltlins, den Landeshauptmann Herkules von Salis

---

[1] Bott pag. 18.

(seinen Mitvater) und den Schwager seines Bruders Konradin, den Podestaten Beli von Belfort zu Teglio, die Propstei, ohne Begrüssung der drei Bünde, in Verwaltung seines Sohnes, des Domdekans, übertragen lässt, so war das allerdings ein Vorgehen, wie es nur in Bünden möglich war [1].

Freilich hatte der bisherige Inhaber der Propstei dieselbe wohl auf ähnliche Weise an sich gebracht; aber seither waren 40 Jahre verstrichen und 16 Jahre seit jenem die Ansprüche der Guicciardi bestätigenden Bundestagsbeschluss von 1555.

Der Herr von Rhäzüns bestreitet nun allerdings auf dem genannten Beitage dem Boten des Bergells, dass er ins Veltlin geritten sei und die «Probsty angriffen» habe [2], indem er entgegnet «das würde sich nicht erfinden lassen [3]».

Dass er nicht an eine definitive Erledigung der Angelegenheit auf diesem Wege glaubte geht aus Folgendem hervor.

Planta's Mitangeklagter vor dem Strafgerichte in Chur, der genannte Herkules von Salis, antwortete auf den Klagepunkt, dass er jenen Erlass, wonach die Lehensleute an den Domdekan Planta als ihren künftigen Lehensherrn verwiesen worden waren, unterschrieben habe: «das hab ich gethan nach des Lands bruch das sy (die Parteien) Zu Rächt kumind und die Sach ussmachind, wemm die Probsty höre». Auch habe er den andern die Appellation gestattet und ihnen die «gülden» der Propstei nicht entzogen.

---

[1] Sprecher berichtet in seiner Chronik noch folgendes: „Man sagte auch er (der Herr von Rhäzüns), habe ein heimlich Bestätigungs-Schreiben von den Häuptern der dreyen Pündten erhalten und selbiges zu Cleven dem Commissario Johann von Salis (einem dritten Gliede der Familie Salis, das damals im Veltlin amtete, von der Engadinerlinie) auch zugestellt, welcher eine Zeit sich zu bedenken genommen". Andere bezüfzliche Berichte fehlen aber und so ist die Nachricht mit Vorsicht aufzunehmen, wenn sie auch allerdings die Haltung der damaligen Amtleute im Veltlin begreiflich machen würde.

[2] Schreib. vom 7. Januar 72. Siml. Samml.

[3] Vielleicht auch meint er blos, er habe die Propstei nicht auf Grundlage der Bulle, sondern der Breven den Guicciardi entziehen wollen.

Das wirft wenigstens ein Licht auf das rücksichtslose Vorgehen der Planta. Man will offenbar die Sache vor die Gemeinden bringen, weiss aber kein anderes Mittel, als indem man zu einem Gewaltstreich seine Zuflucht nimmt.

Eigenthümliche Verhältnisse in diesem «alt fry Rhätien»! Auf der einen Seite ein Volk, das jede vermeintliche Verletzung seiner Souveränität gleich mit den härtesten Strafen ahndet, auf der andern Seite weltliche und geistliche Würdenträger, die, wenn es ihnen passt, sehr wenig nach dieses Volkes Wunsch und Willen fragen, weil eben in gewissen Perioden in diesem Conglomerat von Staaten gar Vieles straflos ausgeht.

1555 war die Propstei der Familie Guicciardi verliehen worden, ohne dass die Gemeinden darum begrüsst worden wären und doch waren sie, wie auch Bott[1] findet, die letzte und höchste Instanz. Jetzt nimmt der Herr von Rhäzüns, kraft der erhaltenen päpstlichen Bulle, sogar ohne Begrüssung des Bundestages dieselbe in Besitz[1].

Warum sucht Planta mit seinem Antrag auf Wiedererwägung jenes Bundestagsbeschlusses nicht direkt an die Gemeinden zu gelangen?

Jedenfalls nicht desshalb nicht, weil er den Entscheid der Gemeinden fürchtet; im Gegentheil, er baut von Anfang an zu viel auf seinen Einfluss in denselben. Und selbst auf gegnerischer Seite befürchtete man, es möchte um die Propstei geschehen sein, wenn die Sache den Gemeinden überlassen bliebe[2].

Die Gründe, die den sonst so klugen Herrn von Rhä-

---

[1] Zwar nicht thatsächlich, die „gülden" wurden ja noch nicht den Guicciardi entzogen, aber für die Zukunft sollten dieselben dem Domdekan zufallen.

[2] Egli schreibt diesfalls am 7. Januar (vid. Siml. Samml.): „was dann die Propsty auf der Tell antrifft, mögend ihr selbs wol gedenken, wie küzlich und schlipferig diser handel stande, dieweil es in der gemeinden gewalt gestellt ob sie dise den Guicciarden wollend lassen oder dem H. v. R.; dann vil leuht haben vil gelt". Er kann nicht begreifen, dass man die Propstei „so auf die waag legt".

züns bewogen, zu solchen Gewaltstreichen seine Zuflucht zu nehmen, sind also anderswo zu suchen. Jedenfalls war er nicht sicher, beim Bundestag zu erzielen, dass man die Sache überhaupt an die Gemeinden kommen liess, während sein kühner Schachzug denselben dazu zwang. Eine einfache Ausschreibung an die Gemeinden **ohne Meinungsäusserung des Bundestages**, bez. seiner protestantischen Mehrheit, war wirklich nur **so** zu erzielen.

Allein der Herr von Rhäzüns kannte dieses trotzige, eifersüchtig seine Souveränität wahrende Volk, doch zu wenig.

Dieses Vorgehen musste ja seinen Feinden die Arbeit erleichtern. Wenn es galt, die vermeintlich oder wirklich bedrohte Souveränität des Volkes zu retten, dann gingen in Graubünden von jeher alle Parteien Hand in Hand und diesem Umstande besonders ist es zuzuschreiben, dass es der Salis'schen Partei gelang, den obern Bund für sich zu gewinnen [1].

Den grössten Rechnungsfehler aber hat der Herr von Rhäzüns gemacht dadurch, dass er die Macht der Prädikanten in Bünden unterschätzte und diesen Rechnungsfehler hat er mit dem Kopfe gebüsst.

---

[1] Auf welche Art man übrigens diesfalls noch die Aufregung zu steigern wusste, davon legt den sprechenden Beweis der Brief ab, den Joh. Müller aus dem Bergell am Ostertage 1572 an Josias Simmler richtet. Er erzählt darin, ein Schneider, der im Schlosse Rhäzüns beschäftigt war, sei von Planta einst gefragt worden, wer ihn eigentlich bestrafen wollte, wenn er sich gegen die drei Bünde verfehlen sollte. Der Schneider habe dann geantwortet: „die Puren mit ihren rostigen Hallbarten".

Es wäre wirklich sehr naiv, wollte man in solchen Erzählungen die Absicht nicht verkennen, zumal wenn sie, wie diese, aus der Feder eines Gegners der Planta kommt. Die französische Gesandtschaft musste jeden Mann hassen, der stets gegen Frankreich auftrat. Wir vernehmen denn auch kein Wort der Beruhigung aus dem Munde derselben, so lange Planta lebte, während sie sich nachher alle Mühe gibt, den Sturm beizulegen.

Capitel V.

Die Prädikanten. — Die Stimmung gegen Planta.

Die Stellung der Prädikanten in Rhätien im 16. und 17. Jahrhundert ist eine so interessante, ihre Haltung gerade hier eine so entscheidende, dass es angezeigt erscheint, von der chronologischen Reihenfolge etwas abweichend, im Zusammenhang darüber zu berichten.

Wir hatten schon mehrmals Gelegenheit, Briefe des Pfarrers Egli in Chur zu erwähnen. Dieser Tobias Egli, oder Iconius, wie er auch genannt wird[1], spielt in der ganzen plantischen Tragödie eine sehr wichtige Rolle. Er war neben Campell seit 1566 Stadtpfarrer in Chur.

Die beiden Churer Geistlichen hatten damals die entschiedene Leitung der Prädikanten Rhätiens in Händen. Einerseits ist dies wohl dem Umstande zuzuschreiben, dass die tüchtigsten und schneidigsten Prediger ihre Kraft dieser grössten reformirten Gemeinde widmeten; anderntheils erklärt es sich daraus, dass, im Zeitalter der Reformation, dieselben auch als die natürlichen Wächter für die protestantische Sache erscheinen mussten, wohnten sie doch mit dem Haupt der Katholiken innerhalb der nämlichen Stadtmauern.

---

[1] Tobias Götz heisst er eigentlich. Er stammte aus dem Thurgau. Einer der Familie brauchte den Taufnamen Egolhoff oder Egli, den auch unser Egli oft anwendet. Iconius nannte er sich nach dem Griechischen (vid. Leu's Lexikon). 1558 wurde Tobias Egli in die zürcherische Synode aufgenommen, dann war er Pfarrer in Frauenfeld, „allwo er wegen seiner Treue von den andern Religionsgenossen viel Aufsatz erlitten". (Leu's Lexikon.) 1564 kam er nach Graubünden (Davos).

Der genannte Egli war nun allerdings ein sehr feuriger Protestant, aber von grosser Leidenschaftlichkeit und bedauernswerther Unduldsamkeit. Innerhalb der Synode kam es unter seiner Führung mehrmals zu den heftigsten Streitigkeiten wegen abweichenden Ansichten einzelner Geistlichen, und seine strengen Ansichten, wonach beispielsweise die Obrigkeit das Recht und die Pflicht hat, Ketzer mit dem Schwerte zu strafen, gelangten zum Durchbruch [1].

In den plantischen Angelegenheiten tritt Egli's Mitpfarrer in Chur, Campell, der ohne Zweifel das grössere Ansehen genoss, ganz in den Hintergrund. Egli führt hauptsächlich die Korrespondenz mit den Zürcher Geistlichen und mit den Prädikanten in Bündens Landgemeinden; er ist's, der zuerst von der Kanzel herab die päpstliche Bulle angreift.

Es mag dies zum Theil auch der grössern Klugheit Campells und seiner Vorsicht zuzuschreiben sein; gebrannte Kinder fürchten das Feuer [2]. Denn es ist allerdings anzunehmen, dass er in der Hauptsache mit Egli einig ging. Allein oft ist die Form, wie etwas vorgebracht wird, sehr entscheidend, und, wie aus allem hervorgeht, war Egli jedenfalls sehr kampfeslustig.

Nach dem Eintreffen jener Bulle gelangten nun also diese beiden Geistlichen in den Besitz einer Abschrift derselben, schon einige Monate vor der Besitznahme der Propstei in Teglio durch Planta.

Von jener Unterhandlung im Dezember 1571 zwischen den Prädikanten und der Familie Planta sprachen wir schon. Man sieht daraus, sie trauen ihrem Einfluss viel zu und er-

---

[1] Es ist freilich nie zu vergessen, dass eine energische protestantische Kirche gegenüber der geschlossenen katholischen, die wahrlich von Duldsamkeit noch weniger etwas wusste, nöthig war. Die Zerrissenheit, durch die sich die protestantischen Kirchen heute auszeichnen, wäre damals gleichbedeutend gewesen mit völligem Siege Roms.

[2] Er hatte mit dem Strafgericht in Zutz unliebsame Bekanntschaft gemacht.

blicken nicht, wie später das Strafgericht, die Hauptschuld des Herrn von Rhäzüns schon in der Entgegennahme der Bulle. Sie wollen ja schweigen, wenn der Herr von Rhäzüns von seinen Plänen absteht.

Beide Parteien waren zu hartnäckig und so kam keine Vermittelung zu Stande. Planta wollte dem Geschrei der Prädikanten nicht nachgeben, diese dagegen wollten um keinen Preis dem Papste eine Konzession machen. «Wir werden unsere mäuler nicht zu täschen machen und die nachred auf uns haben, als ob wir den Bapstlichen ein stüzen unterstossen wollind,» schreibt Egli [1].

Das ist die wahre Situation. Auf der einen Seite haben wir den hartnäckigen Juristen und Staatsmann, der von seinem Rechte um keinen Preis absteht (und vom Standpunkt der Katholiken aus ist er wirklich im Recht) und die Prädikanten persönlich hasst, um ihres steigenden Einflusses in politischen Dingen willen. Auf der andern Seite stehen die Prädikanten, die voll Entrüstung sind über das Vorgehen des Papstes und seiner Anhänger in der letzten Zeit und jede Nachgiebigkeit als Schwäche ansehen.

Dass die Prädikanten den neuen Geist, den das Tridentinerkonzil geboren, hassten, ist selbstverständlich. Egli macht seinem Hasse gegenüber diesem neuen Geiste, der trotz der trennenden Berge auch Rhätien berührte, in einer Reihe von Anklagen Luft in seinem Schreiben an die Prädikanten in den Bünden.

Nur einige Punkte daraus wollen wir hervorheben.

Er erinnert daran:

«Wie es dem frommen und unschuldigen Prädikanten ergangen H. Cellario zu Morben, der ab eurem grund und boden dennen geraubt und Zu Rom verbrennt ward etc. [2].»

---

[1] Brief an die Brüder in den Bünden, 7. Januar 1572. Siml. Samml.

[2] Ueber Cellario und sein Schicksal (vid. Kind pag. 156).

«So wüsse man auch wol was das seye, dass schir alle Tag neue Riter werdind.»

Wir werden noch später sehen, auf welche Weise einer dieser päpstlichen Ritter, Baptista von Salis, der dann vor das gleiche Strafgericht gestellt wurde, welchem Planta zum Opfer fiel, gestraft wurde. Hier mag nur noch angeführt werden, wie Egli diese päpstlichen Ritter und ihr Vorgehen mit dem Planta's vergleicht: «darum wann wir Prädikanten unser amt wollend recht ausrichten, müssen wir nicht nur wider die bullen reden und schreyen, sonder grad als wol wider die so disen Bullen und anderem unrächt thür und thor aufgethan haben; das sind die schönen Ridter, die nicht bullen und dinten und papier, sonder grosse stuck gold und stechende spohren und jährliche Pensionen, dem Bapst in denen landen nach gefallen zu dienen, davon habend. Jetzt hat ein anderer gedacht, ist es den recht goldene ketenen Zu nehmen vom papst, warum soll ich nit mögen brief nehmen [1]?»

Ein weiterer Klagepunkt Egli's lautet: «Wir wüssen auch wol, wer die seyend, die die unschuldigen alten Prädikanten aus Mesoxothal vertrieben haben [2]». Ueber die Haltung des Bischofs Beatus a Porta in dieser Angelegenheit sagt Egli: «Nun ist noch ein fuchs, den wollen wir hier auch schiessen. Bedenket, liebe Herren, was grosser strafenheit das seye, Bischof Beatus hat dem Cardinal Borromeo von Meyland geholfen, die zwei frommen Mann aus Misox vertreiben. Vermag das sein eyd? Oder soll man zu solchen sachen nichts reden. Weders ist grösser: ein Christenmenschen und Boten Gotes vertreiben, oder einer pfrund und dem irdischen Gut nachstellen; dort mus das heil und Liecht Gotts-wort schaden leiden, hie noch ninen also».

Wir sehen, Egli's Hass richtet sich hier scharf und be-

---

[1] Ueber die päpstlichen Ritter. Siehe Bott pag. 21.
[2] Ueber die Vertreibung der Prädikanten Beccaria und Trontano mit Hilfe des Bischofs. Vid. Kind pag. 175.

stimmt gegen den Bischof. Demselben war aber nicht beizukommen und so musste Planta als Blitzableiter dienen.

Man müsste sein Ohr jeder Wahrheit verschliessen, wollte man nicht zugeben, dass die Prädikanten zu unversöhnlichem Hasse gegen Rom, noch neben den Motiven Grund hatten, die einst Zwingli und Luther Schwert und Feder zum Kampfe in die Hand gedrückt hatten [1].

Allein dieser berechtigte Hass musste in erster Linie Rom und dem Kardinal Borromeo, in zweiter dem Bischofe und erst in dritter Linie Planta selbst gelten.

In Bünden war Planta wenigstens so gemässigt aufgetreten, als die Protestanten.

Campell findet freilich, der Grund zum tiefen Hasse gegen Planta sei hauptsächlich zurückzuführen auf seine Unduldsamkeit, welche er der neuen Lehre gegenüber zeigte; so habe er dieselbe freventlich ein Evangelium des Satans genannt.

Wir zweifeln nicht, dass Planta sich ein oder das andere Mal zu solchen Ausdrücken kann verstiegen haben; aber Campell hatte doch wohl keine Ursache, darüber gar so sehr erzürnt zu sein. Sein Freund und Mitkämpfer Egli spricht stets vom «mörderischen Babst» und meint anlässlich jener Bulle, «man solle sie dem Vulcano in seine Schmiten schicken» [1].

Die Prädikanten greifen nun, nachdem jener Vermittelungsversuch gescheitert war, zu einem Mittel, das sich auch in späterer Zeit nur zu gut bewährte; sie legen von der Kanzel herab dem Volke die Sache vor, wohl wissend, dass dies einen allgemeinen Sturm gegen den Herrn von Rhäzüns hervorrufen werde [2]. Wir lassen darüber wieder die Urkunden reden.

---

[1] Ueber weitere Uebergriffe Roms halten wir nicht für nöthig zu berichten. Die schwüle Luft, die in der 2. Hälfte des XVI. Jahrhunderts über Europa lagerte und sich in Paris im Jahre der Hinrichtung Planta's in einem schrecklichen Gewitter entlud, ist zu bekannt, als dass diese Zeit eines weitern Kommentars bedürfte. Übrigens vergleiche noch Kind pag. 130.

[2] Egli hatte vorher schon ein Gedicht angefertigt und nach

Landrichter und Rath des obern Bundes schreiben desshalb folgendermassen an den Rath in Chur [1].

«Uns kommt glaubwürdig für, wie euer Pfarrer zu St. Martin eben hitzig seye in seiner predig und als vil man kan verstahn zu ufruhr geneigt; darob wir nicht ein klein bedauern empfangen; hätend wol vermeint, so ander leuht (deren wir leider in unserm land vil hand) die unrühig wollen seyn, so solle er nicht bewilligen, sondern alsobald unserm Vaterland zu gutem helfen; dann ihm solches nit zustaht; die weil er das wort Gottes verkündet, so solle er fried und einigkeit helfen pflanzen; dann durch aufrührer ist vil blut vergossen worden und nie kein guts erfolgt, als wir ab der Ingadiner und ander unruhe mehr empfunden . . . . . und die weil dann eine Oberkeit solchen fürzukommen billich sorg tragen sol, haben wir nicht unterlassen wöllen, Euch unsern lieben Bundsgenossen zu berichten, und unsere meinung anzuzeigen ehe und das feuer weiter angezündet werde; sonst würde es zu spat seyn. Dann wann der gemeine Mann überhand nihmt, so ist kein Recht mehr vorhanden, sonder der gewalt . . . . . sonderlich zu disen sorglichen Zeiten, so nichts anders, dann theure und hunger vorhanden . . . . . und erstlich werden wir bericht, wie er wider den Herrn von Rhäzüns offentlich prediget von wegen der Bull, so ihme der Papst zugeschickt. Nun erkennen wir ihn für einen redlichen Bundsmann, wird zu keiner unruhe nicht ursach geben, noch der Bull sich nit beladen, wie er dann vor gmeinen 3 pündt offentlich geredt; wird als thun, so einem redlichen Bundsmann wohl anstaht, hat uns auch die Bull zugestellt. Darzu was gewalt hat er die Klöster oder das Papstthum aufzurichten etc.?»

Zürich geschickt, am 14. Dez. 1571. Siml. Samml. Dasselbe ist betitelt: De tribus bullis romani Pontificis in nihilum redactis, quas pro reparanda Superstitione miserat. Wir bringen den Inhalt nicht. Egli sagt darin ungefähr das gleiche, was in seinen Briefen.

[1] Schreiben vom November 1571. Siml. Samml.

Der Rath zu Chur entschuldigt das Vorgehen seines Geistlichen; indem er darauf hinweist, dass die Geistlichen desshalb besonders erzürnt seien, weil der Papst dem Herrn von Rhäzüns Gewalt gegeben, alle Pfründen des Klosters St. Luzi etc. zu reformiren[1].

Es ist kaum glaublich, dass man damals noch ernstliche Besorgnisse hatte, Planta werde wirklich versuchen, auch die Hauptbulle in Vollzug zu setzen. Aber man wusste, wie die Protestanten aufzurütteln waren; desshalb hielt man konsequent bis zur Hinrichtung Planta's an dieser Anklage fest. In keiner Weise aber wird auch nur ein Versuch gemacht, abzuläugnen, dass von der Kanzel herab gegen die Bulle gepredigt wurde. Wohl versichern Rath und Geistliche in Chur, sie wollen nicht Aufruhr stiften[2], aber das klingt wie Hohn einem Volke gegenüber, das schon so oft bewiesen, wie schnell es, richtig bearbeitet, zur Revolution zu bringen war.

Wenn Egli in einem Schreiben an Bullinger[3] sagt, er habe nunmehr längst gespürt, dass ihr predigen nichts nütze und man je länger, je böser sei, so mag darin allerdings etwas wahres sein. Auf jeden Fall aber haben ihre Predigten, die gegen einen beneideten Patrizier aufreizten, **gewirkt**. In einem abgelegenen Berglande spielen die Geistlichen, die oft die einzigen Träger der Bildung, die einzigen Redner sind, bis heute eine gewaltige Rolle.

Dazu waren die protestantischen Geistlichen jener Zeit

---

[1] Antwort des Rathes von Chur 1. Dez. 1572. Siml. Samml.

[2] „sie (die Pfarrer in Chur) „haben aus schuldiger pflicht ihres Amts" so sie gegen Gott und der welt zu thun verbunden und aus keiner anweisung oder neid und hass, /ginicht aufruhren zu stiften, auf der kanzel söllichs alles wol Zu bedenken gewahrnet und gepredigt etc. Und allein die gemeinden bey gemeiner 3 Pündten aufgesetzten Artikeln und freyheiten Zu bleiben vermahnt." Leider vergassen die friedlichen Bürger aber, dass auf Sturmgeläute alles zusammenströmt, auch wenn der Sigrist nachträglich lang versichert, es brenne nicht.

[3] Schreiben vom 17. März. Siml. Samml.

ihrer Mehrzahl nach aus dem Volke hervorgegangen, mussten
also nothwendigerweise sich einer grössern Gewalt erfreuen,
als die katholischen Geistlichen, die, der Mehrzahl nach
der Aristokratie angehörig, mit derselben durch dick und
dünn gingen.

Das erklärt die staunenswerthe Gewalt, die im XVI. und
XVII. Jahrhundert in den Händen der Prädikanten lag.

Jahrzehnte lang nehmen sie an der politischen Führung
in Rhätien regen Antheil, bis sie dann im XVII. Jahrhundert
offen im Lande herumreisen, um das Volk für ihre Pläne zu
gewinnen, und sich als Richter in ein Strafgericht der wildesten Art wählen liessen [1].

Die Anfänge jener merkwürdigen Periode, in der protestantische Geistliche ihr Predigerkleid mit dem Soldatenrock vertauschen und einer von ihnen sich zum allgebietenden
Diktator Bündens aufwirft, liegen in unserer Epoche [2]. Wohl
sind die Prädikanten zur Zeit Planta's in der Hauptsache
noch Werkzeuge der politischen Führer der protestantischen
Partei; aber gerade unser Egli macht bereits einen energischen Anlauf dazu, dieselben ganz auf eigene Füsse zu
stellen. Er ermahnt die Brüder in den Bünden: «Sind um
Gotes wilen wol eins, sonst werden wir dem Bapst nüt ablaufen, sonder uns selbst ausmachen; vertrauend niemand
leichtlich. Die grossen Häubter die jetz uneins sind, die

---

[1] Wir Protestanten blicken noch heute oft mit Bewunderung
auf jene schneidigen Prädikanten zurück, die während so vielen
Stürmen ihre Sache mit stets gleichem Muth und Ausdauer (besonders
im XVII. Jahrhundert) verfolgten. Und wahr ist's, Graubünden war
nach dem Durchbruch der Gegenreformation weit mehr bedroht,
vom Katholizismus zurückerobert zu werden, als irgend ein Kanton
der Schweiz, und ihrer energischen Führung haben wir es zu danken,
wenn es nicht geschah. Das darf den Historiker aber nicht verhindern, alle extremen Schritte derselben als solche zu konstatiren,
wie namentlich auch gemässigten Führern der Gegenpartei gerecht
zu werden.

[2] Die katholischen Landgeistlichen sind in dieser Periode bei
uns ohne jeden politischen Einfluss.

mögen ob uns, wie Herodes und Pilatus ob Christo, leichtlich wider eins werden und aldann so beuten sie uns die figgen und treiben ihr fassnachtspil und ihr gspott mit uns, sonderlich wann wir ihnen vil zu hoff reiten und uns selbst in ihr dienst also zu reden anbieten etc. die füchs beissen ungern einandern und ist sich unweislich minens bedunkens sich zwischen thür und Angel einzulegen».

Es leuchtet ein, wer mit diesen «füchs» gemeint ist; unzweifelhaft die vornehmen Führer beider Parteien, die Planta und Salis. Wir haben also hier schon einen Punkt jenes Programms, das später Jenatsch mit seinen Freunden befolgte, nämlich unabhängig von der Aristokratie seine Stützpunkte allein im Volke zu suchen.

Wie sehr die Prädikanten aber trotzdem in unserer Periode noch Werkzeuge politischer Grössen sind, ohne es selber zu merken, davon legen folgende Klagen Egli's Zeugniss ab [1]. In Malans, so klagt er [1], werfe man ihnen vor, sie seien zu «lugg», während Ob und Unterbergell schreiben, sie sollen jetzt für sich «lugen», damit ihnen hernach nüt zu erweisen stande».

Klagen, dass sie die lauesten seien, konnten offenbar nur von solchen kommen, denen die ganze Angelegenheit viel zu langsam ging und desshalb für nöthig erachteten, die einflussreichen Churer Prediger etwas aufzurütteln.

Das Schreiben der Bergeller aber lässt die Politik der salischen Partei klar erkennen. Der Mohr hat seine Arbeit gethan, der Mohr kann gehen. Die Aufregung zu steigern, dazu waren die Prädikanten gut; doch jetzt werden sie ermahnt, inne zu halten, damit man ihnen später nichts beweisen könne.

Warum diese ängstliche Vorsorge der Salis für die Zukunft der Prädikanten? Es galt eben den Schein zu vermeiden, als handle es sich um eine konfessionelle Angelegen-

---

[1] Im oft genannten Schreiben (Siml. Samml).

heit. Nur dann war den katholischen Kantonen der Eidgenossenschaft jedes Interventionsrecht benommen, sowie im Innern selbst ein einmüthiges Vorgehen aller drei Bünde überhaupt denkbar.

Egli versteht dies Schreiben nicht, er fürchtet, sie seien auch bei den Salis verläumdet worden und ist nun völlig rathlos. Nun wird ihm klar, dass man sich auf die Grossen nicht verlassen kann.

In dieser Stimmung mahnt er denn auch theilweise zum Frieden. «Wahrlich wir müssen fromm leuhten auch schonen, zu unsern sachen ob Got wil noch mehr brauchen etc. Ich möchte wol gonen (und reden von herzen) dass dem H. v. R. nicht an ein finger wehe wurde; ..... Schüte man das gift aus, damit es niemand schade, das geschirr und instrument aber das anderen sachen noch vil guts bringen mag, und die disen landen noch wohl anstöhnd, werfe man nit hin. Wer weisst, wie sie Got ändern wil und sich selbs sammt seiner Ehr inskünftig durch sie fördern [1].

Auch nachher gibt Egli in seinen Briefen an Bullinger unzweideutige Beweise, dass er mit dem schroffen Vorgehen gegen Planta nicht einverstanden ist.

So schreibt er am 17. März an den genannten [2]: «der Herr von Rhäzüns erbarmt mich von Grund mines herzens, dann ihn sein sohn der Pfaff, der geflohen, dahin gebracht: Und wo jenem stegen weg oder fürbit mochte funden werden, gonte ich ihm des Lebens wol, etc.».

Jedenfalls sind also die bewussten Leiter des Aufstandes in unserer Periode noch nicht die Prädikanten und darf man Egli Glauben beimessen, wenn er sagt: «Uns staht zu nicht wider die persohnen, sondern wider die fehler selbs zu schreyen [3]».

---

[1] Egli hegt noch immer die leise Hoffnung, dass auch der Herr von Rhäzüns gleich seinen Brüdern protestantisch werden könnte; ein Beweis, dass Planta kein wüthender Papist war.
[2] Schreiben an Bullinger vom 17. März. Siml. Samml.
[3] Schreiben an die Brüder in den Bünden.

Uebrigens ist viel widersprechendes in den Worten und Handlungen unseres Egli. In ein und demselben Schreiben zählt er alle Uebergriffe der Katholiken in der letzten Zeit auf, mahnt zum Frieden bezüglich des Freiherrn und reizt wieder auf gegen die päpstlichen Ritter, ohne zu bedenken, dass bei der schon sehr gesteigerten Aufregung es nur eines Funkens bedurfte, um die Revolution heraufzubeschwören.

Im gleichen Briefe, in dem er erklärt, er möchte dem Herrn von Rhäzüns Hülfe und Fürbitte wohl gönnen, schreibt er auch [1]: «Ich hätte auch vermeind, wir wollen das wunderwerk, so sich den 2. und 3. Januar als die bodten mit diser bullen handlen wellen an der Sonnen zwischen 8 und 9 Uhr, als sie zusammengesessen am morgen zugetragen mit schrift und gemähl bey euch zu truken hinabgeschickt haben, **damit es vor der Catastrophe dem gemeinen man eingebildet häte**, so verhindernd uns immerdar neue geschäffte, aber wir wollens wills Gott dise wochen ordnen und in kurzem hinabfertigen; allda werdend ihr greifen mögen, um wen es zu thun seye und dass es sonderlich gemeine 3 Bündt an ihren häubtern betreffen wil, wer es truken wurde oder wollte mochtend wir wol wüssen» u. s. w.

Es handelt sich offenbar um eine Sonnenfinsterniss, die im ganzen Lande nicht geringen Schrecken verursachte. Es ist höchst interessant, wie man solche Naturerscheinungen seinen Plänen dienstbar zu machen verstand.

Ohne Zweifel hatte man diese schon benutzt, um das Volk gegen Planta aufzuregen, und derselbe Egli, dem Planta so sehr leid thut, bedauert, dass man diese Sonnenfinsterniss nicht schon gedruckt hatte, damit man auf den gemeinen Mann hätte einwirken können. Wahrlich seltsame Widersprüche! Auf der einen Seite wünscht er, wenigstens momentan, dass es Planta nicht an's Leben gehe, auf der andern schreckt er vor keinem Mittel zurück, die Gemüther

---
[1] Schreiben vom 17. März. Siml. Samml.

noch mehr zu erhitzen, nicht blos gegen Planta, sondern gegen die Häupter der drei Bünde überhaupt [1].

Vielleicht gab man sich in den Kreisen der Prädikanten noch immer der Hoffnung hin, es müsse noch gelingen, den ganzen Kanton zu reformiren. In der That war denn auch damals in Graubünden die Reformation noch keineswegs abgeschlossen. Ansehnliche Gemeinden, wie Sins (im Unterengadin), Pontresina, Bergün etc. traten noch nach dem Jahre 1572 zur Reform über.

---

[1] Und bereits war ja klar (am 17. März), dass man es mit einer ernstlichen Revolution zu thun hatte. Die ganze Haltung der Prädikanten in jener Zeit kennzeichnet im weitern ein Beitagsbeschluss vom 2. Februar 1572 (vid. St. Chur). „Betreffend das fürbringen der Prädikanten um eine erlüterung uff dass ussschryben dass man gethan und dass man inen verpoten für gemeyn dry pünth zu erschynen. Ist erkhannt sy sollen und mogen für gemein dry Pünth erschynen, wan inen von nöten und gfellig doch mit aller bschydenheit, es sig auch nit miner IIII. meynung dass sy nit sollen das evangelium und wass ier ampt inhalt predigen sollent, doch in fryd und rhuw etc.".

Es waren also in Bezug auf den letztern Punkt wohl über mehrere Geistliche Klagen eingelaufen.

Sie mögen wieder vor „gmeyn dry Pünth" erscheinen, heisst wohl vor Bei- und Bundestagen. Wir haben ja gehört, Egli war am 2. Januar vor dem Beitag erschienen und hatte sich mit Planta herumgestritten, worauf dieser jedenfalls ein Verbot zu erlassen suchte gegen diese Sitte, die Prädikanten persönlich in Bei- und Bundestagen auftreten zu lassen. Nirgends vernehmen wir auch, dass die katholischen Geistlichen eine ähnliche Begünstigung genossen.

Capitel VI.

Planta's Prozess bis zu seinem Verlassen des Landes und seiner Rückkehr.

achdem wir so die Haltung der Prädikanten etwas genauer ins Auge gefasst haben, wird es an der Zeit sein, den äussern Verlauf der plantischen Tragödie weiter zu führen, wobei wir uns um so eher der Kürze befleissen können, als Bott uns darüber ausführliche und genaue Auskunft gibt und zwar auf Grund der besten diesbezüglichen Quellen, der Landesprotokolle.

Am 17. November 1571 trat in der Sache der Bundestag in Chur zusammen und beschloss, dass beide Parteien ihre Klagen zu Papier bringen sollten, und die ganze Angelegenheit den Gemeinden der drei Bünde vorzulegen sei, auch solle der Herr von Rhäzüns pflichtig sein, die Bulle oder wenigstens eine Abschrift davon «minen Herrn» zu überantworten. Die Propstei sollte einstweilen bis zum 25. Januar dem Podestat zu Teglio übergeben werden.

Wie sehr der Bundestag fühlte, durch seinen Beschluss von 1555 zu weit gegangen zu sein, beweist gerade der Umstand, dass man es jetzt nicht wagt, den bisherigen Administrator der Propstei zu bestätigen, sondern die Gemeinden entscheiden lassen will.

Am 2. Januar des folgenden Jahres trat sodann in Chur ein Beitag zusammen [1].

---

[1] Der Beitag war ähnlich wie heute die Standeskommission in Graubünden eine erweiterte Regierung. Das heisst eine ständige Regierung gab es damals in Rhätien nicht. Die drei Bundeshäupter besorgten die wichtigsten Regierungsgeschäfte jeweilen nach Be-

Der Abscheid desselben gibt eine Rechtfertigung Planta's, die um so interessanter ist, als damals die Aufregung noch nicht die spätere Höhe erreicht hatte. Es theilt derselbe den Gemeinden mit [1], Planta habe die Bulle «gemeinen dryen pünthen» überantwortet, auch habe er «gelopt, und bekhant das eine solche Bulle und andere gschrifften, ohn alles syn begeren noch erfordern vom Bapst zugschikht syen worden, und dass er sich derselben nie unterwunden noch unterwinden hab wollen, er sye auch dem Bapst mit dem minsten nit verbunden und weder Heller noch Hellerwhert von ime nie begert noch empfangen. dz. sig woll war als syn son der Thumdechan uss gschefften des gemeynen Capitels In Chur gen Rom gschikht sig im ein pfrund uff der Tell antragen worden, und die will er dan woll vermeint hette dz. dieselbig als billich einem ehrlichen landskhind dessy altfordern sich ye und alwegen in gmeynen landen nöthen ehrlich und wol gehalten und noch zethun willens, als eine underthanen [2] solle vervolgt werden, so hette er die possess derselbigen pfrund nit uss gwalt ime Zugeschikhter bulle sonder von dem landshauptmann Veltlin's und dem pottestat uff der Tell

---

dürfniss, und wenn es sich um wichtigere Angelegenheiten handelte, zogen sie noch Abgeordnete aus jedem Bunde zu ihren Berathungen hinzu und diese erweiterte Regierung nannte man Beitag oder Kongress.

Eine scharfe Absonderung der Kompetenzen jeder Behörde gab es in Graubünden nicht. Als oberstes Gesetz galt einfach nur, dass alle wichtigen Angelegenheiten an die Gemeinden kommen sollten, was aber nicht immer geschah, wie wir sahen.

[1] Fürtrag uff die Gemeynden zu bringen durch gmeyner dryen Pünthen rhats botten uff 3. Januar 1572 verabschidet. St. Chur.

[2] Planta spielt dabei jedenfalls auf eine Bestimmung des Ilanzerartikelbriefes an. Jeklin pag. 93. Der 18. Artikel hiess: „Zum achtzehnden, so ist unser maynung und ordnung, wan nun fürohin ein thumbropst, Techan, Thumber, pfarrer, Caplan und ander geystlich, so pfründen in unsern landen habent mit todt abgatt, das dan ein yettliche pfründt, so also lädig wirtt, einem landkind usz den dryen pünthen der geschik derzuo ist, gelichen werden sölle".

inhalt der bestelbriefen so gmeyn dry pünth inen gegeben begert[1] und dz. recht von kheinem frömbden pottentaten sonder von ermelten amptlüthen genomen. Des grossen unwyllen so heruss erwachsen entsagt er allen Ansprüchen etc.».

Dann folgen noch ernstliche Mahnungen an das Volk zur Ruhe. Allein es war zu spät, die Aufregung steigerte sich, vielleicht noch ganz besonders, als man erfuhr, dass Planta auf die Propstei verzichte. Zugeständnisse im letzten Momente haben noch stets gegenüber revolutionären Bewegungen verderblich gewirkt.

Schon am 2. Februar trat der Beitag wieder zusammen, gemäss dem Beschlusse vom 2. Januar[2]: «Und wenn doch jemand ufruhwig seyn wolle, so soll man in derselben kosten ein Bytag beruffen und sy ierem verdienen nach strafen[3].

Die Beschlüsse dieses Beitages zeigen nun bereits das Bestreben, den aufrührerischen Gemeinden Konzessionen zu machen. So wird beschlossen, dass in Zukunft weder geistliche noch weltliche Personen «weder zum Bapst noch zu kheinem frembden fürsten und herrn gan solle und weder pfrunden ehrsachen, rytterschaften, verehrung miet und gaben, noch andere sachen begeren noch empfachen solle by verlierung lyb leben ehr und gutt etc.[4].

Während früher blos «pitlichen obliegen» verboten war, heisst es hier also ausdrücklich, dass solche Sachen weder begehrt noch empfangen werden dürften.

---

[1] Auch Herkules von Salis behauptet später seinen Anklägern gegenüber, er habe den Herrn von Rhäzüns unterstützt „Lut der Statuten so ampts halben Zu thun schuldig syn". Vergleiche darüber das Schreiben des Strafgerichtes in Chur vom 2. Mai 1572, enthaltend Anklage und Vertheidigung des Landeshauptmanns Herkules von Salis, ausgestellt von Barnabas Grass, dem Vorsitzenden des Strafgerichtes, ein „urthell brieff" wie sich dasselbe selbst nennt.

[2] Abscheid vom 3. Januar. St. Chur.

[3] Wonach Bott auf pag. 28 zu berichtigen ist.

[4] Abscheid des Beitages vom 2. Februar. St. Chur.

Ein solcher Beschluss des Beitages musste selbstverständlich die Aufregung steigern; wenn man alle künftigen derartigen Vergehen, wie Pfründen zu empfangen etc. gerade jetzt bei Todesstrafe verbot, so sagte man ja dem Volke damit, das Vergehen Planta's habe eigentlich den Tod verdient.

Nach einem solchen Beschluss ist das Vorgehen gegen ihn, wie gegen die päpstlichen Ritter, Seitens des Volkes begreiflich.

Gegenüber diesem Beitagsbeschlusse war ein anderer Punkt desselben, wonach die Bulle nicht auf die Gemeinden auszuschreiben sei, sondern blos auf besonderes Verlangen derselben ihnen «in ieren kosten» sollte verabfolgt werden, ziemlich belanglos.

Die meisten protestantischen Gemeinden waren ohne Zweifel schon im Besitz derselben. Die Prädikanten hatten ja zahlreiche Abschriften in Lateinisch, Romanisch und Deutsch angefertigt und verbreitet.

Der Propstei zu Teglio halber vernehmen wir (aus dem nämlichen Abscheide), dass die Mehren der Gemeinden eingegangen sind, welche festsetzen, «man wolle sie zu gmeynen landen handen nemen und lugen, wie dieselbe hinfür anwenden solle und uff das hürig Jar die gült inzuzüchen», und werden die Gemeinden aufgefordert, sich zu berathschlagen, ob man daraus in gemeinen Landen eine Schule oder ein Spital errichten solle [1].

Also auch die Gemeinden machen keinen Versuch, die Guicciardi wieder als Verwalter einzusetzen, noch nehmen sie Partei für die bisherige Verwaltungsart (zu Gunsten der Geistlichen im Veltlin).

Im weitern beschloss der Beitag, den Herrn von Rhäzüns anzufragen, ob er die in der Bullenangelegenheit ergangenen Kosten vergüten wolle, oder ob er es vorziehe, dass die Ge-

---

[1] Abscheid vom 2. Februar. St. Chur.

meinden angefragt werden, «ob man ein gericht setzen oder ob man ihn sonst strafen wolle».

Dieser Entscheid ist wieder sehr bezeichnend und wirft Bott's (auf Campell sich stützende) Behauptung, dass der Beitag mehr auf Seiten Planta's gewesen, vollends über den Haufen.

Wir zweifeln zwar nicht, dass Planta im Beitage viele Freunde hatte, aber so wie die Beschlüsse ausfielen, mussten sie zu seinem Verderben beitragen. Ein klar denkender, das Resultat sicher vorauswissender energischer Wille ist es, wie wir noch mehrmals sehen werden, der alle Schritte gegen Planta leitet [1].

Dadurch, dass man ihn anfragte, ob er die aufgelaufenen Kosten zahlen wolle, oder es vorziehe, dass die Gemeinden befragt würden, ob sie ein Strafgericht wünschen, setzte man demselben den Dolch bereits an die Brust.

Erstlich wurde ja dadurch das Wort Strafgericht in die gährenden Massen geschleudert, und wenn sodann Planta noch zahlte, dann hatte er ja schon selbst in den Augen des Volkes seine Schuld zugegeben.

Und doch konnte Planta nichts anderes thun als sich «uff gnadt in kosten ergeben». Denn andernfalls war er ja ganz sicher, dass ein Strafgericht seine Sache behandelte; sobald eine Anfrage erfolgte, war ja vorauszusehen, dass sich weitaus die Mehrheit der Gemeinden für ein solches aussprach.

Der Beitag verfällte ihn in eine Busse von 200 Kronen; jedoch heisst es ausdrücklich; «dass der Bulle halb und was wyter gschrifftlich old mündlich für mine Herren khomen ist, das weder im noch den synigen an ieren glimpf und ehren nit schaden und unaufheblich syn solle».

---

[1] Die Salis waren eben im Beitage auch vertreten, direkt und indirekt, und sie waren ihren Gegnern an politischer Schlauheit überlegen.

Dazu fehlt auch hier die Bestimmung nicht, dass die Gemeinden erklären sollen, ob sie damit zufrieden seien [1].

Planta's Gegner hatten nun offenes Feld. Seht, konnten sie sagen, er fühlt sich selbst schuldig, er hat sich schon bereit erklärt, eine Geldsumme von 200 Kronen zu erlegen. Das musste bei den schlechten Zeiten die Gier der untern Klassen nach mehr wecken. Man wusste ja, Planta war sehr reich; sein Vermögen musste ausreichen, um einige Wochen ein paar tausend Menschen einige frohe Tage zu bereiten [2].

Endlich ist noch ein Punkt des beitäglichen Abschiedes vom 2. Februar erwähnenswerth; er lautet: «des HH. von Rhäzüns halb ob man in rhätten und thetten wolle syn lassen old nit und er sich berumpt brieff und sigel darumb hab. Ist erkhent das man in und sine brieff verhören, auch suchen solle ob man etwas dargegen für brieff hette ufzulegen».

Eine der ersten Strafen, die man gegen jeden aussprach, der sich gegen die drei Bünde irgendwie verfehlt hatte, war stets die, dass man ihn in keinen Behörden mehr sitzen liess [3].

Allein gegen Planta konnte man nicht so vorgehen, ohne sich mit Oesterreich zu verfeinden. Als Planta die Herrschaft

---

[1] „er gmeynen landen für die ufgeloffne kosten uf gfallen der gmeynden 200 goldkrona geben und bezalen solle" heisst es nämlich im genannten Abschied.

[2] Es ist wahrlich ein düsteres Bild, das wir genöthigt sind von den damaligen Verhältnissen in Rhätien zu enthüllen; aber wenn wir das Thun und Treiben der in Chur zusammengeströmten Menge uns ansehen, so finden wir diesmal, wie auch bei frühern und spätern Strafgerichten, ganze Schaaren von Leuten, die eben nichts zu verlieren hatten, nichts versäumten und blos, um sich einige frohe Tage zu verschaffen, aus dem hintersten Winkel von Graubünden an den Ort der tumultuarischen Vorgänge hinströmten. Der Kanton hatte natürlich an solchen Elementen Hülle und Fülle, besonders, wenn die fremden Söldnerdienste ihn nicht einigermassen davon befreiten.

[3] Auch das nun folgende Churer Strafgericht hatte Sentenzen in diesem Sinne gefällt.

Rhäzüns antrat, hatten seine Gegner verlangt, dass er nun nicht mehr in «rhäten und thetten solle sitzen dürfen». Im Jahr 1561 aber hatte man sich mit den Abgeordneten Oesterreichs doch dahin verständigt, Planta, «in Ansehung dass Er ain Pundtmann ist zu guetten Threwen in räten sizen zu lassen»[1].

Darauf berief sich nun Planta triumphirend. Da liegt die Quintessenz der sich immer steigernden Erbitterung. Man kann Planta nicht beikommen, wie einem andern Bundsmann, und wenn diese Stellung Planta's einerseits in friedlichen Zeiten fast unanfechtbar war, so musste sie anderseits auch seine Lage bei einer ausbrechenden Revolution bedeutend verschlimmern und den Schützling Oesterreichs um so verhasster machen.

Durch den Beitagsbeschluss vom 2. Februar war der Stein unaufhaltsam in's Rollen gekommen. Ueberall sprach man vom «lupfen der fähnlin». Namentlich zeigten sich die Herrschaftsleute des Rhäzünsers selbst jetzt schon unruhig; denn Planta floh nach dem Unterengadin.

Hier, mitten in dem beinahe ganz protestantischen Thale wäre er wohl sicherer gewesen als im obern Bunde. Es war ja sein Heimatthal, in dem die Ehrerbietung gegen sein Geschlecht, wie Bott treffend sagt, traditionell geworden war. Unglücklicherweise kehrte er, im Wahne, die Ruhe sei wieder hergestellt, bald darauf über den Arlberg, das Drususthal, Pfäfers und den Kunkelspass nach Rhäzüns zurück.

Es ist auffallend, dass Planta diesen Umweg einschlug, erklärt sich aber genügend aus dem Umstande, dass er sich scheute, durch Gebiete zu ziehen, die sich bereits unruhig und ihm feindselig zeigten. Sehr wahrscheinlich aber ist es, dass gerade durch diese Reise jene Gerüchte entstanden, Planta hätte sich mit Oesterreich verbunden und ein Heerführer stehe bereit, mit 8—10,000 Mann in Bünden einzufallen.

---

[1] Raetia austr. fol. 26.

Es ist möglich, dass Planta damals in Innsbruck vorsprach, um Oesterreichs Hülfe zu erbitten für den Fall, dass der Sturm gegen ihn losbrechen sollte; aber andere Hülfe als moralische, durch Fürsprache seines Gesandten, stellte Oesterreich auf keinen Fall in Aussicht, wie seine ganze spätere Haltung beweist[1], und glaubt selbst Campell nicht, dass jene Gerüchte irgend welche sichere Grundlage gehabt hätten[2]. Aber sie mussten, das war vorauszusehen, den Ausbruch der Revolution beschleunigen.

[1] Oesterreich bleibt überhaupt in dem ganzen Handel sehr ruhig; sein Gesandter legt einfach, wie die katholischen Orte der Eidgenossenschaft, Fürbitte für den Herrn von Rhäzüns ein. Es ist das erklärlich, wenn wir wissen, dass Dietegen von Salis gerade zur Zeit der Hinrichtung Planta's nach Innsbruck geflohen war und er, der Hauptgegner Planta's, auch später nicht abgesetzt wurde. Noch rechnet Oesterreich eben auch noch auf die Ergebenheit der Familie Salis in Bünden und unterschätzt daher wohl die Bedeutung Planta's für seine Politik. Dr. Joseph Hirn berichtet in seinem Werke: Erzherzog Ferdinand II., pag. 217 II. Bd. (Innsbruck, 1887). Dietegen von Salis sei dann später wegen eines Todschlages abgesetzt worden; Campell, der bis in den Anfang der 80er Jahre lebte, weiss davon nichts, sondern führt ausdrücklich an, er habe sich trotz aller Anfechtung in seiner Stellung behauptet. Es ist sehr auffallend, dass er sich so lange hielt, denn in Innsbruck sind Stösse von Akten, die über ihn klagen, namentlich, dass er den Bischof Beatus fortwährend beunruhige. Noch im Jahr 1569 (also 3 Jahre nach dem Amtsantritt a Porta's) muss er sich desshalb bei Oesterreich entschuldigen und er thut dies stets mit grosser Kaltblütigkeit, indem er behauptet, es sei alles nur Verläumdung (vgl. St. Innsbr. Ferd. 433 1/3). Nach Stirn (ebendaselbst) bestanden zwischen Ferdinand und Beatus a Porta selbst mehrmals Differenzen und daher will Oesterreich mit der Familie Salis auch nie ganz brechen, um so mehr als es eben auch nicht völlig sich auf die ganze Familie Planta verlassen konnte. So kreuzen sich auch hier wieder, wie überhaupt oft im Reformationszeitalter, politische und religiöse Interessen.

[2] Campell II. 489.

Capitel VII.

Ausgang des Prozesses.

Kaum war die Rückkehr des Herrn von Rhäzüns bekannt geworden, so griffen die Bergeller zu den Waffen. Ihnen schlossen sich die Oberhalbsteiner, Averser, Obervatzer, Domleschger, die 4 Dörfer und aus dem obern Bunde die Schamser an.

Ob das Fähnlein der Rhäzünser gleich beim Beginn der Unruhen ausrückte, ist nicht ganz sicher. Campell, als Zeitgenosse, weiss es selbst nicht sicher, er erwähnt blos, es werde das von einigen behauptet[1]. Jedenfalls hielt er es, vielleicht aus der spätern leidenschaftlichen Haltung derselben zu schliessen, nicht für unmöglich.

In den ersten Tagen des März erschienen diese Fähnlein vor Chur und lagerten sich in der Umgebung der Stadt (im welschen Dörfli, in der bischöflichen Quader, und als dann mehr anlangten in den benachbarten Dörfern: Masans, Haldenstein und Trimmis). Die Stadt hatte die Thore verschlossen, lieferte auf Bürgschaft hin Proviant, verhielt sich aber sonst, anfangs wenigstens, ruhig[2].

---

[1] Campell II. 488.

[2] In Chur fürchtete man sich besonders vor den Engadinern. Auch Bullinger schreibt an Egli noch am 11. April: „Utinam vero Ingadinenses cum signis non veniant alioqui turbarum est". Siml. Samml. Man fürchtete die Engadiner noch seit dem Jahr 1565 her. Speziell für Planta wäre ihr Erscheinen vielleicht von Vortheil gewesen. Für seinen Bruder Konradin verwenden sich ihre Rechtsprecher später energisch, obschon seine bedeutende Mitschuld rücksichtlich des Bullenhandels bekannt war. Jedenfalls erschienen die

Vom Zehngerichtenbund rückten allmählig alle Fähnlein ein, das des Gerichtes Castels anfänglich unter der Führung Dietegen's von Salis.

Vergebens mahnte der Bundestag, der sich in aller Eile versammelt hatte, zur Ruhe.

Schon vor der Ankunft der Fähnlein in Chur war daselbst auch der Herr von Rhäzüns erschienen, um mit seinen Freunden zu berathen, was zu thun sei, angesichts der ihm drohenden Gefahr.

Es ist kein Grund vorhanden, daran zu zweifeln, dass man in Chur daran dachte, ihn zu verhaften[1], und desshalb der Stadtrath bereits versammelt worden war. Die Churer konnten ja daran denken, ihn zu verhaften, so gut wie die Laaxer dies später wirklich thaten. Wohl handelte es sich um ein Glied des obern Bundes, aber das Gericht sollte ja von allen drei Bünden bestellt werden, und wenn man ihn hängen wollte, musste man ihn zuerst haben, ihn also greifen, wo er sich gerade aufhielt.

Bott meint, Planta sei erst in Folge des Beitagsbeschlusses vom 11. März aus Chur geflohen. Zu dieser Ansicht stehen im Gegensatz Campells Zeitangaben[1], wonach eben der Herr von Rhäzüns schon einige Tage vor dem Erscheinen der Fähnlein in Chur weilte und dann sogleich fliehen musste; die ersten Fähnlein aber sind nach ihm schon Anfangs März eingerückt.

Planta hätte sicherlich auch ohne jenen Beschluss des Stadtrathes kaum das Erscheinen der Fähnlein abgewartet, zumal auch der Bundestag, wie es scheint, auseinander stob und die Angelegenheit dem Beitag überliess.

Dieser beschloss[2], es solle dem Herrn von Rhäzüns, sowie den päpstlichen Rittern von allen drei Bünden ein Gericht

---

Engadiner desshalb nicht, weil sie nicht recht wussten, was für eine Haltung sie einzunehmen hatten gegen den Landsmann und religiösen und theilweise auch politischen Gegner.

[1] Bott pag. 27.
[2] Beitagsabschied vom 11. März. St. Chur.

gesetzt werden, und zwar sollen die «Gmeynden selbst iere rechtsprecher verordnen und ussschiessen» und 11 Mann aus jedem Bund und einen aus jedem Hochgerichte dazu wählen. Dieses Gericht solle am «23. März in Cur zusammen khomen und uss inen auch ein Richter (Vorsitzenden) verordnen». «Es soll auch yeder Punth synen weibell und kleger selbst setzen, welche alle diejenigen so sy busswürdig befinden ierem verdienen nach strafen sollen».

Ist es nicht auffallend, dass der nämliche Beitag, der stets auf Seite Planta's gestanden haben soll, nun plötzlich denselben preisgibt. Man könnte sich die Sache erklären, wenn man annehmen dürfte, er habe gehofft, dadurch Planta zu nützen, indem wenigstens ein etwas weniger revolutionäres Gericht als früher, in ähnlichen Fällen, bestimmt war, über ihn zu urtheilen.

Allein konnte der Beitag sich wirklich der Hoffnung hingeben, es werden in Folge seines Entscheides etwas ruhigere Richter gewählt, jetzt, da die waffenfähige Mannschaft vieler Gerichte schon in Chur war und dort also die Wahlen stattfinden mussten.

Und dann die Bestimmung, es sollen 11 Mann aus jedem Bund gewählt werden. Wer sollte diese wählen, auch im Falle, dass es gelang, die Fähnlein zur Heimkehr zu bewegen; war nicht durch Beschluss der Behörde sanktionirt worden, dass mehr als die Hälfte des Gerichtes aus Leuten bestehen solle, die so gut wie bei frühern Strafgerichten einfach aus den wildesten Schreiern und heftigsten Gegnern der Angeklagten genommen worden waren?

In summa, wie die Sachen jetzt lagen, konnten diese Bestimmungen des Beitages nur die Folge haben, das Strafgericht in den Augen der eidgenössischen Orte und der auswärtigen Staaten weniger revolutionär erscheinen zu lassen, oder mit andern Worten eine Intervention von auswärts zu Planta's Gunsten möglichst zu erschweren. Das Strafgericht konnte sich nun darauf berufen, vom Beitag die Kompetenz zum Vorgehen gegen Planta erhalten zu haben.

So ging's in Graubünden leider oft; unter dem Deckmantel von Recht und Gesetzlichkeit sind oft schlimmere Dinge verübt worden als bei offener allgemein anerkannter Revolution.

Wie wenig übrigens der Beitagsbeschluss respektirt wurde, beweist, dass nicht einmal die Zahl der Richter 59 war, wie derselbe festgesetzt hatte. Campell, der doch alles an Ort und Stelle mitmachte, spricht von 42 Richtern. Sprecher von 30 Richtern und 600 Gäumern. Ein Schreiben Zürichs (an Bern, Basel und Schaffhausen) spricht von 4 Mann aus jedem Hochgericht und von 200 Gäumern aus jedem Bund [1], während wieder Campell sagt, der obere Bund sei (nachdem er dann den Gefangenen eingeliefert), mit Zurücklassung von 200 Mann, aus welchen Richter und Gäumer zu wählen waren, wieder abgezogen. Endlich berichtet Egli an Bullinger, es sei beschlossen worden, dass 70 Mann von jedem Bund, ohne die Rechtssprecher, bleiben sollen und die andern mit den Fähnlein hinwegziehen. Doch hätte der «gmeine Mann kurzum nicht weichen wollen [2]». Ziehen wir aus dem allem das Facit, so ist wohl gegründete Ursache vorhanden, zu zweifeln, dass dem Beitagsbeschlusse nachgelebt wurde und ist besonders die Zahl der sogenannten Gäumer, die bewaffneten Zutritt in der Stadt hatten, nicht zu ermitteln. Wer fragt auch in solchen Zeiten wildester Aufregung nach den Vorschriften eines Beitages, dessen Ermahnungen, ja, als noch niemand die Waffen ergriffen hatte, nicht die geringste Beachtung fanden; namentlich aber ist die Behauptung Bott's, dass das Strafgericht keineswegs durch die bewaffnete Menge improvisirt worden sei, ganz und gar nicht haltbar; wir werden an anderer Stelle das Treiben der bewaffneten Schaaren etwas näher kennen lernen.

Von Chur aus floh Planta nach Laax im obern Bunde; denn er glaubte bei seinen Glaubensgenossen am sichersten zu sein und nach der bisherigen Haltung des obern Bundes

---

[1] St. Zürich 5. April 1572.
[2] Schreiben vom 23. März 1572. Siml. Samml.

konnte er dies allerdings hoffen. Einzig das Schamserfähnlein war aus diesem Bunde bisher in Chur erschienen und wurde desshalb vom obern Bund getadelt.

Die Schamser schreiben am 17. März an den Landrichter des obern Bundes [1]: «so ist es nit weniger dz. war dass wir usszogen sind namlich nien durch kriegens willen sonder durch der gerechtigkeit willen auch niemandt zu übergwaltigen». Es scheint ihnen, dass «solichen sachen sollte langest gestraft sin und Die wil wier gsehen handt dz. da kein straf nienen hat wellen sin so sind wir usszogen etc. so schribendt Ir unss zu es befremde üch somlichs dagegen befrömbdet unss fester dz. Ier sömliches wellend hinderhalten etc» und bittend wier ufs aller höchst Ier wollendt zu unss stan und unser fatter landt helfen ufenthalten und daselbig schützen und schirmen».

Im Gegensatz zur Haltung dieses Fähnleins steht, einstweilen wenigstens, diejenige der Katholiken aus den vier Dörfern. Sie schreiben am 18. März an den Landrichter [2]: «und sind auch kheiness andern gesinet zu thun den nach Lutt unser alten puntnus und auch demjenigen nach zgan wiess uff dem Lest gehaltenen Bytag verornet ist» und wenn jemand sein sollte, fährt das Schreiben fort, der das recht nit gestatten sondern mit Gwalt faren den selbigen nit By stand thun Sonder denen die mitt dem ordentlichen Recht faren wellend auch glich falls etlichi sonder personen Etwas anderem gesintt werend so ist es doch des gemeinen manhs willen und das meren gar nitt etc.».

Des gemeinen Mannes Willen ist aber ein sehr schwankendes Ding in so stürmischen Zeiten. Das erfuhr auch Planta. Seine Feinde begaben sich nach Laax und verlasen dort die Bulle, worauf der vor kurzem noch allmächtige Mann im obern Bunde von seinen eigenen Glaubensgenossen gefangen genommen wurde.

---

[1] Staatsarchiv Chur. Schreiben vom 17. März 1572.
[2] Staatsarchiv Chur. Schreiben vom 18. März 1572.

Egli berichtet über diese Gefangennahme folgendes[1]: «Grad als ich dieses geschrieben sind die Pargeller boten, welche nach Laax gangen, wider herkommen, anzeigende, dass wie die Bullen zu Laax seye verlesen worden, habind die bauern den Herrn von Rezüns erst in eisen geschmiedet und ihnen verheissen, sie wollind ihne morn mit 600 Mann in's Lager bringen; wie es da zugan werde, mag ein jeder gedenken».

Wir sehen, überall sind die Bergeller voran, wohl unter der geschickten Führung der Salis, welche als die geistigen Leiter des Aufstandes zu betrachten sind[2]. Sie fassten wohl auch direkt oder indirekt den Geleitsbrief ab, der nöthig war, um vom obern Bunde Planta's Auslieferung zu erzielen. Wir lassen denselben im Auszuge hier folgen, da er am besten zeigt, mit welchen Waffen damals gekämpft wurde.

«Sicheres Geleit des Gotthus und X Gerichtenbundes für den wegen der päpstlichen Bulle nach Chur vor Gericht citirten Johann Planta beider Rechte Doktor[3].

Wir Burgermeyster, Landaman, Hauptlüth, Bevelchslüth und andere von unsseren Herrn und obern der Gmeynden des Gotshusspunths und des Punths der Zehen Gerichten verordnete Räth Bekhenend offennlich und thun khund allermeniglich hiemit dissem brieff. Nachdem unssere gethrüwen

---

[1] Schreiben vom 17. März 1572. Siml. Samml.

[2] Zwar können wir die Haltung der Salis nicht mit Sicherheit verfolgen, da sehr oft die Namensangaben fehlen über die Leiter der Bewegung. So sagt z. B. das Schreiben des obern Bundes an Chur, dessen wir früher erwähnten: „Wir tragen kein Zweifel nit dass disser anfang oder unruhe sich nicht erstlichen erhebt von den Predikanten, sondern von andern wie ihr wol wüssend wer sie seyen". Damit können nur die Salis gemeint sein; denn nur gegenüber den beiden mächtigsten Familien, den Planta und Salis, drückte man sich so vorsichtig aus. Die Haltung Dietegens von Salis, vid. Bott pag. 23, Kind pag. 183, sowie Abscheid der VII Orte. Absch. III b. IV 2 a.

[3] Staatsarchiv Chur. Datirt vom 20 März 1572. „Infigell" der Stadt Chur.

lieben Pundsgenossen Landrichter, Hauptlüth, Bevelchslüth und andere des obern grawen Punths verordnete, und hieher gesante räth, uff unsser begeren, zugesagt und versprochen, den Edlen und Hochgelerten Johann Planta beyder rechten Doktor und Herrn zu Razüns, von wegen der Bulla, die er vom Bapst empfangen, uff mordrigen tag, nach dato diss brieffe by guter fruyger tag Zytt in die Statt Cur zu lyffern und überanntwurten» etc. geloben sie, nicht allein den Herrn von Rhäzüns, Sonder auch allen den yenigen, die mit imme Herrn zu Ratzüns hieher khommen werdent, fry sycher gleydt, an das recht, am rechten und vom rechten widerumb dannen.»

In einer spätern Werdung des sehr viele Worte machenden Schreibens heisst es dann freilich «und was sich das recht mit urthell erkhennen württ, darby soll es auch ungewygert bliben». Allein schon die Ueberschrift des Briefes, die höfliche Sprache in Bezug auf Johann von Planta, sowie die Stelle: «und vom rechten wider umb dannen», waren jedenfalls darauf berechnet, im obern Bunde den Glauben zu erwecken, es handle sich nicht um die Hinrichtung Planta's, sondern um eine blosse Bestrafung desselben an Geld und Gut, besonders wenn sie dann schliesslich noch beifügen: «Wier wollen auch so bald vil gesagter Herr zu Ratzüns uns überlyffert ist, mit unsern fenndli und kriegslüthen dermassen verschaffen und handlen, darmit ein yeder des billichen rechtens geniessen möge».

Auch erhält der Obere Bund für die Auslieferung Planta's eine Konzession in folgender Bestimmung: «Und daruff haben wier uns auch für uns und alle die unsern versprochen, wan also gesagter Herr von Ratzüns überantwurtet wirtt, So wollen wier die unsern Baptischen Ritter, so citiert sind, auch zu recht stellen, welche aber nit citiert waren, sy noch citieren lassen». Wir werden später vernehmen, wie der obere Bund dieses Schreiben verstanden hat und wie er zufrieden ist mit der Erfüllung der gegebenen Versprechen.

Am 23. März, am Tage, an welchem nach bundestäglicher Schlussnahme das Strafgericht hätte zusammentreten sollen, erschien der obere Bund mit seinem Gefangenen in Chur, ungefähr 14 Tage nachdem die ersten Fähnlein in Chur angekommen waren.

Egli erzählt die Einlieferung des Herrn von Rhäzüns wie folgt[1]: «wie der Ober-Bund mit 7 grausam starken Fähnlinen eingezogen und den Herrn von Rezüns in schlechter rüstung mit verändertem Bauern Rössli ohne weer zwischen 2 hereingebracht. Alda er jetzt in einem Haus vor unserm Kaufhaus über in eisen und banden (leider) verwaret wird»[2].

Auch das Treiben der um Chur herum, 22 Fähnlein stark, zusammengeströmten Volksmenge lernen wir am besten kennen, wenn wir die Quellen direkt uns vorführen.

Im eben erwähnten Briefe steht darüber folgende bemerkenswerthe Stelle: «Es hat mir gestern Herr Hans Ardüser[3] herzlich klagt, ein ehrlich Mann, Amman auf Davos, gewesener Landvogt zu Meyenfeld, in disem rechten, welches morn angahn sol ein Rechtsspruch, wie meine Hh. ängstig, diewil schier der mindeste jez Herr und Meister seyn wolle und ihre Fähnlj von etlichen Pargellern dermassen angetastet worden, als es hinweg ziehen wolt, dass sie es müssen ihrem Obersten klagen; kennend aber die nicht, die es gethan. Also ist es zu Churwalden still gelegen bis auf weitern Bescheid. Die andern alle sind noch stark hie, und noch gestern spaht ist der gemeine Mann dermassen erbittert, dass kurzum ihre Obersten nicht das Maul haben dürfen aufthun, und wer zun sachen zbest reden wil, der ist in argwohn. Ich schreye mächtig auf die ursach diser Dingen, und dass man nicht alle Ding beym höchsten nehme. Aber milites fragen keinen Kirchen nüt nach[4].»

---

[1] Schreiben vom 23. März 1572. Siml. Samml.

[2] ubi nunc in publica custodia tenetur, catenis vel bojis vinctus constrictueque duobus, sagt Egli's Bericht vom 24. März.

[3] Der Vater des bekannten Schulmeisters, Malers und Chronisten.

[4] Egli vergisst dabei nur, dass dieselbe Kirche wenige Wochen früher ihre Gläubigen von der Kanzel herab gegen Planta aufgehetzt hatte und man sich desshalb jetzt nicht zu wundern brauchte,

«Mich erbarmt der Herr von Retzüns dass er dermassen muss gepeiniget werden. Aber gaht es ihm, so hüten sich

wenn die Schäflein die Stimme ihrer Hirten im entgegengesetzten Sinne nicht verstehen wollten, wenn es nicht gelang, der Geister, die man rief, wieder los zu werden. Wie gefährlich die Lage Egli's übrigens zur Zeit des Aufstandes war, können wir ersehen aus seinem Schreiben vom 17. März 1572 an Bullinger (Siml. Samml). „Der gemeine Mann ist allenhalben verbittert (schreibt er) über die offne ungestrafften mord, und schnöde ungerechtigkeit, so man übt, und sonderlich über den Herrn von Rezüns, der dem mörderischen Bapst geloset und sich selbs in unwiderbringlichen schaden geworffen. Jetzt dieweil wir amts halben das unrecht gestraft, und dem gemeinen Mann des Bapstes fürnehmen entdekt, so müssend allein wir schuld tragen an disem jammer allensamen; was grossen aufsazes uns die Planta rüstend, mögend ihr wol gedenken ..... so bin ich von wegen des groben geschlechts nienen sicher mehr und von wegen dass diser wagen umgfallen noch mehr bey mäniglichen verhasst etc". Auf Leib und Leben werde ihm „gedräuet" „und, fährt er fort, „nun hab ich auch ein ehrlich weib und 5 kleiner Kinder lebendig und 3 in ewiger freud. Und darneben ihr wohl wüssen mögend, dass ich dermassen bin nunmehr 12 jahr herumgetrieben worden, dass es unmöglich gewesen, mich etwas vermögens halben zu verbessern. Sonderlich wie ich oft geklagt, mir allhie an disem theuren ort unmöglich zu grunen, fürnehmlich heuer zjahr, da mich dise brodtheure gar weit hinter sich gestossen etc. Es ist auch zu besorgen, es seye nicht allein um den Herrn von Rezüns zu thun, sonder das feuer werde weiter schreiten und grosse empöhrung und herzenleid machen. Allda dann aller menschen ungnadt mir noch grosser auf den Hals wachsst". Er wünscht, dass man ihn „ab disem ort verendere" und bittet schliesslich, sich wenigstens seiner Kinder und ihrer Mutter anzunehmen, „welche noch gestalt (der sachen) miner hülf und gegenwertigkeit an disen orten bald werden beraubt werden".

Wir sehen, Egli fürchtet für sich das schlimmste, obschon die Thore der Stadt geschlossen sind, und nur eine bestimmte Anzahl der Aufständischen dieselbe betreten darf, um Proviant zu holen. (Camp. II 489.) „Ich fürchte übel", fährt er diesfalls in seinem Briefe fort, „wann sie sich genug gestärkt, sie werdend dann einmahl wöllen, dass man mehr hireinnehme etc.".

Wenn Egli also allgemein gehasst ist, und für sein Leben fürchtet in einer Zeit, in welcher die Protestanten entschieden am Ruder waren, so beweist dies wieder, dass er auch wirklich ein

ander leuht auch; dann er den Landvogt Dietegen heiter
fürhin nimmt¹, er seye böser dann er, etc.».

Es war jedenfalls sehr unklug vom Herrn von Rhäzüns,
wenn er sich jetzt in leidenschaftlichen Anklagen gegen die
Häupter der Bewegung erging; allein die Klugheit mochte
ihn eben verlassen, wenn er seinen gefährlichsten Gegner in
einem Manne erblickte, dessen Vergangenheit jedenfalls nicht
fleckenlos war.

Am gleichen Tage ging auch eine Art amtlichen Schreibens an den Rath von Zürich ab¹.

Zürich hatte nämlich, als eidgenössischer Vorort, auf
Anregung der katholischen Orte, einen Laufboten nach Chur
gesandt mit einem Schreiben, das die Bündner ernstlich ermahnte, «nichts thätliches wider Rächt²» gegen den Herrn
von Rhäzüns vorzunehmen. Darauf antworten die «derzit zu
Chur by einander versammelten Räth³» unter anderm: «Und
wiewol wir by gemelten unserm Kriegsvolk mit allem ernst
angehalten und noch on underlass, das mit den fändlenen

Haupturheber des Aufstandes war und schon früher sich viele Feinde
zugezogen haben musste.

Dabei können wir aber gerade diesem unruhigen Prädikanten
eine tiefe Religiösität und einen heiligen Eifer für die protestantische
Sache nicht absprechen. Im gleichen Briefe fährt er fort: „Weiss
darneben wol, dass Gott die seinen auch wunderbarlich kan und
mag ausführen, so er wil, demselbigen treuen Got wil ichs heimsetzen, und in seinem beruff unerschrockenlich fürfahren etc.".

Schade, dass es Egli nicht vergönnt war, einige Jahrzehnte früher
bei uns zu wirken; wir zweifeln nicht, es wäre ihm gelungen, den
ganzen Kanton protestantisch zu machen, was Graubünden viel Unglück erspart hätte. Jetzt aber war es dazu zu spät.

¹ Staatsarchiv Luzern: Schreiben vom 23. März 1572.

² Zürcher Staatsarchiv. Schreiben vom 17. März.

³ Wahrscheinlich ist unter diesen „Räthen" der Beitag gemeint;
möglich zwar auch, dass der Bundestag noch in Chur war, obwohl
von ordentlichen Sitzungen kaum mehr die Rede sein konnte, wurden
doch verschiedene Bundestagmitglieder, die zum Frieden gemahnt
hatten, nachmals vom Strafgericht gebüsst (vid. Campell pag. 489)
und jetzt schon jedenfalls heftig bedroht.

weer und waffen wider heim ziehen sollent uns khein Arbeit sparen thund, so haben doch wir bisher allein by etlichen bis zu usstrag des rechtens wenig volg erlangen mögen, sind wir guter Hoffnung, sy werden sich nochmalen eines guten bedenkhen, und sich gütigklich abwysen lassen».

Speziell den Herrn von Rhäzüns anbetreffend, sagt das Schreiben; «Derhalben Ir gantz und gar nit zwyfflen sollent, daran, das Ime (ob Gott will) das billich Rächt ergan soll» und an einer andern Stelle: «man hat aber nit begehrt, weder Ime Herrn von Retzüns noch Andern an lyb ald an gut zu beschedigen, beleidigen noch mit thätlicher Handt gewalt anzuthun etc.».

Auffallend ist, dass dieses Schreiben, ausgestellt von einer Behörde, über deren Thätigkeit man sonst nicht das geringste mehr vernimmt aus dieser Zeit, in so zuversichtlichem Tone davon spricht, man sei guter Hoffnung, es werde gelingen, den Aufruhr zu stillen und Planta das «billich Rächt» zukommen zu lassen, während es doch nach Egli's Bericht bereits wild genug zuging.

Wir können uns auch rücksichtlich dieses Schreibens des Verdachtes nicht erwehren, dass Planta's Gegner dasselbe veranlasst, um die Eidgenossen zu beruhigen und eine energische Intervention zu verhindern [1].

Am 25. März konstituirte sich das Strafgericht unter dem Vorsitze eines gewissen Barnabas Grass und am 26. begann es seine Thätigkeit gegen Planta, indem die päpstliche Bulle in romanischer und deutscher Sprache verlesen wurde.

Die eigentlichen Prozessakten sind in Chur später wohl absichtlich beseitigt worden; aber in jenen Tagen nach Zürich und Luzern gelangte Abschriften geben uns Aufschluss über die gegen Planta erhobenen Anklagen. Da ist denn vor allem zu konstatiren, dass eine ganze Anzahl der verschieden-

---

[1] Wobei allerdings auch Leute mithelfen mochten, die nicht gerade zu Planta's Gegnern gehörten; die Bündner liessen sich ja überhaupt sehr ungern von aussen her etwas am Zeuge flicken.

artigsten Anklagen durch einander geworfen werden, wie das stets der Fall war, wenn diese Volksgerichte sich zu Herrn der Situation gemacht hatten.

Der Hauptklagepunkt betraf natürlich die päpstliche Bulle.

Darüber lautet der Klagepunkt laut dem Entwurf eines Briefes der V Orte an den Landesfürsten von Tirol [1] folgendermassen: «Erstlich uff in klagt der bullen halb, als uff ein verräther, die wil er fremde hilff begert. Daruff der Her geantwort: die bull sige Ime zugeschikt on sin besunder begeren, verhoffe, er solle darum für kein verräter geacht werden, dan er keim verater nie hold gesin, fremde Hilf habe er nie begert[2]».

Zuerst freilich hatten die Folterqualen dem Herrn von Rhäzüns das Geständniss erpresst, er habe im Sinne gehabt, fremde Hülfe anzurufen. Wenn wir bedenken, dass Planta bereits ein Greis war, den zudem sein jäher Sturz tief erschüttert haben musste, werden wir diesem erpressten Geständnisse wenig Werth beilegen. Nachdem er sich gefasst, läugnete er denn auch konsequent, trotz erneuerter stärkerer Folterung, und erklärte ausdrücklich bezüglich des damit im Zusammenhang stehenden Klagepunktes, dass er sich zum Herrn von Rhätien habe aufwerfen wollen (3[r] Klagepunkt nach dem Luzerner Bericht): «er habe nie begert noch in Sinn genomen, der 3 Pündten Her zu werden».

Der zweite Klagepunkt nach diesen Aufzeichnungen in

---

[1] St. Luzern.

[2] Eine Handhabe zu letzterer Beschuldigung hatten seine Feinde in der Bestimmung der Bulle, dass er (Planta) als Richter den Patriarch von Alexandria, die Bischöfe von Konstanz und Basel etc. anrufen solle können.

Dass Planta kaum daran gedacht hat, von dieser Bestimmung Gebrauch zu machen, beweist seine Antwort vor dem Beitage in Chur vom 2. Januar (vid. Schreiben Egli's): „er wüsse nicht, wer der Patriarch von Alexandria seye, er habe noch keine frömbde Bischöffe oder Oberkeit angerufft".

Luzern lautete: «dass er wider die ordnung die probsty in bergell sim sun zugestellt[1]». Darauf antwortet Planta, es sei dieselbe durch den Podestat daselbst seinem Sohne zugestellt worden.

Wie sehr die andern Klagepunkte selbst damals als untergeordnet betrachtet wurden, beweist der Umstand, dass Campell absichtlich über dieselben hinweggeht.

Auch Egli schreibt am Todestage Planta's an Bullinger: «Hora III vespertina D. Rhetiensis capite praecisus est, maxime ob eam causam quod contra litteras Rhaetorum Praepositurum propria authoritate invasit. Reliqua capita sunt minoris momenti[2]«.

Wenn wir dennoch einige andere Klagepunkte hier anführen, so geschieht es der Vollständigkeit wegen und um überhaupt ein möglichst genaues Bild vom Treiben dieser Strafgerichte zu geben.

Die vierte Klage lautete nach jener (Luzerner) Quelle: «dass er mit braticken 200 Kronen ussgeben, damit er Commissari[3] ins feltlin werden wäre». Antwort: «Der pratiken in's feltlin sie war, nach dem er erwelt zum Cummissari mochte sin er vererung etlichen geben».

Ein fünfter Klagepunkt lautet: «Er habe gelt empfangen von einer urtel». Antwort: «mochte sin das im, nach dem die urtel ergangen, etwas vererung worden, aber zuvor imme nit ein haller verheissen». Sechstens heisst es: «Mer, gelt genommen von eines spruches wegen». Antwort: «des spruches halb, glich wie vor, werde sich nit erfinden, das imme vor dem Spruch ützit geben noch verheisen».

---

[1] Die Aufzeichnungen in Zürich sagen darüber, Planta habe bekennt; „dass er diese Bulle ein zyt lang byhendig gehegt und nach lut derselbigen die Propsty uf der Theil angefallen etc. unangsäch der gemeinen 3 Pündt gegebne brieff und sigel zu schwächen, brächen und gar zu nüte machen".

[2] Schreiben vom 31. März.

[3] Landeshauptmann sollte es heissen.

Siebentens: «Sin bruder siner eefruwen 7 Kronen geben worden». Antwort: «der 7 Kronen, die hab er nit wollen, möchte sin, sin bruder siner eefruwen geben, wüsse nit ob sis behalten [1]».

Das Zürcher Klagematerial ist etwas reicher und beginnt jedesmal mit den Worten: «Item hat er bekennt» (und zwar «vor in und nach der marter», wie es einleitend heist).

Wir heben daraus nur eines hervor: «Item hat er bekennt, dass er von wegen eines spruchs wellicher uf Davas in einer stund ussgericht auch 12 Kronen empfangen habe».

Es beweist dies, dass Planta sogar im Zehngerichtenbund

---

[1] Die Akten, die nach Zürich kamen, berichten über diesen Punkt: Planta habe von Konrad von Schräkenstein 7 Dukaten empfangen und sie seiner Frau gebracht, „doch möge er nit wüssen ob die Dukaten siner Frau bliben oder nit". Wie wenig wahres die untergeordneten Anklagen also enthielten, geht wieder daraus hervor. Zürich's und Luzern's Gesandte waren ja damals in Chur und konnten selbst Aufzeichnungen der erhobenen Anklagen mitnehmen.

Die Sache verhielt sich übrigens mit diesem Schreckenstein so (vid. Bott pag. 22): Des Herrn von Rhäzüns Bruder, Konrad Planta in Fideris, und mit ihm auch Dietegen von Salis und Gallus von Mont waren bey Schreckensteins Aufnahme in's Landrecht Bürgen für denselben gewesen.

Nun wurden besonders im Zehngerichtenbund Beschuldigungen laut, die Tagherren hätten sich von dem Herrn von Schreckenstein bestechen lassen, um seine Aufnahme in's Landrecht zu befürworten, und man werde nun mit Spanien in Konflikt gerathen Wie sich der Verdacht der Bestechlichkeit in dieser Angelegenheit gegen Johann von Planta richten konnte, ist nicht ersichtlich. Er war ja das Haupt der spanisch-österreichischen Partei.

Besonders das Prättigau, damals noch mehr spanisch gesinnt, wurde nun mit dieser Angelegenheit in Unruhe versetzt und spielte dabei Dietegen von Salis eine Hauptrolle. (Bott pag. 23.) Es scheint uns daher, der genannte von Salis habe den Umstand, dass Konrad Planta auch einer der Bürgen gewesen, benutzt, um die Aufregung gegen dessen Bruder zu steigern, resp. den Aufstand zu beschleunigen. In solchen Zeiten waren gewissen Demagogenführern bei uns alle Mittel recht, um Lärm zu schlagen. Damit stimmen denn auch die abweichenden Berichte in Zürich und Luzern, wem der Herr von Rhäzüns die Geschenke gebracht, seiner Frau oder der seines Bruders.

als Jurist thätig war, was jedenfalls von seinem allgemeinen Ansehen, bis zu diesem Bullenhandel, Zeugniss ablegt.

Vergleichen wir an dieser Stelle noch die Anklagen, die Vertheidigung, sowie das Urtheil von drei andern Angeklagten, die das nach Ostern wieder zusammengetretene Strafgericht zur Verantwortung zog und ermessen wir, von diesem Standpunkte aus, Schuld und Strafe Planta's.

Es muss uns dabei am meisten die Klage gegen Herkules von Salis, den Landeshauptmann des Veltlins, interessiren, desselben, dessen wir schon Erwähnung thaten.

Wir vernehmen bei diesem Anlasse zum ersten Mal etwas von dem Präsidenten des Strafgerichtes, Barnabas Grass, welcher dem genannten Salis einen «urthellbrieff» ausstellte. Dieser beginnt [1]: «Ich Barnabas grass Burger und dess Rhats zu Chur, von gemeinen 3 püntten ein verordneter Richter bekhenn offenlich und thun khunt aller wenigklich mit disem brieff, dass (ich) gwalt und bevelch gmeiner 3 püntten Sampt den verordneten Rechtsprechern allhie zu Chur In der Stat offenlich zu gericht gesesen bin, alda für mich und offen versamen gericht khomen und erschinen sind etc.».

Darauf erfolgt eine Ausgabe der Klage gegen den v. Salis, seine Vertheidigung und sein Urtheil.

Klage gegen Herkules v. Salis: «als gesagter v. Salliss zum Landeshoptman von gmeiner 3 puntten gesetzt, habe er angelopt und geschworen gmeiner 3 püntten Nutz und Ehr auch Fryheit und gerechtigkheit zu erhalten, dem sige er nit gentzlich nachgekommen, Namlich in dem stukh als die unsellig Bulla und Zwei brieffen welliche zu underthrukhen der Fryheit und gerechtigkheit gmeiner 3 püntten langten und dienten, vom Bapst zukham, dem Johan Planta weilland Herrn zu Rhazüns überschikht, da habe gemelter Hoptman v. Saliss auch Fürschus und sin hülf darzu geben». Dann folgt noch die Klage, dass er bei der Dirne seines Bruders

---

[1] Dieser Urtheilbrief wurde am 2. Mai 1572 den Oberbehörden gemeiner 3 Landen eingeschickt mit der „Supplica, dass er (Salis) sin ambt aussdienen möge". Vid. Staatsarchiv in Chur.

sel. ein Kind erzeugt habe. Herkules v. Salis antwortet: »Erstlich der Bulla halb hab Er sy Nie gesehen; der Grida halb die der Herr von Rezünss hab lassen ussgan, die hab er underschriben lut den Statuten, so ampts halben zu thun schuldig sye (er habe den andern dann die Appellation gestattet und ihnen auch die Gülden der propstei nicht entzogen), und Dietwill sinss Bruders Erb hab er zu handen genomen, auch die Jungfrau welche darin funden, und sittemall er von den doktoren uss den Landen veltlin auch den hisgen verstanden, sin bruder Sellig siner Chrankheit halb khein leibs gewaltig hab mogen sin, auch die Jungfrow selbs hochlich bezügen, dz. sin bruder nie mit Ieren zu handeln gehapt etc., so habe er sich an sy gehenkhen, vermeine aber nit so groblich daran gefelt haben».

So viel berichtet diese Urkunde des Strafgerichtes selbst über die gegen ihn erhobenen Anklagen und die erfolgte Vertheidigung. Anfänglich aber waren noch allerlei andere Anklagen gegen ihn erhoben worden [1], wie z. B.: «Als er Hauptmann in Frankrych gsyn, hab er vom König gält empfangen und den Knächten nit werden lassen. Er habe praktiziert und gält ussgeben, das er Landeshauptmann im Veltlin wurde. Im Tumleschg sye ein Todtschlag durch In angestift beschächen».

«Als in siner verwaltung eine ein Kind verderbt und gefangen worden, habe er gält genommen und Sy ledig gelassen».

Salis vertheidigte sich energisch und mit mehr Glück, als Planta; auch war sein Anhang mächtiger, so dass eine Folterung verhindert wurde.

Um obige Antwort der Herren von Salis, bezüglich jener Dirne seines Bruders, zu verstehen, muss man sich erinnern, dass damals auch die Ehe mit einer Schwägerin verboten war, vide z. B. Verordnungen des Zehngerichtenbundes in der Ottischen Sammlung fol. 217: «des Mannes Bruder und

---

[1] Vid. Prozessakten des nach Ostern in Chur zusammengetretenen Strafgerichtes. Siml. Samml.

Schwester oder der Frauen Bruder und Schwester, und die mit denen beyschlafen in oder aussert der Ehe — sind zu strafen». Dagegen fol. 218: «Wo keine fleischliche Beywohnung ist, da hindert die Schwagerschaft nicht (zu heirathen) etc.».

Herkules von Salis will also vor allen Dingen den Vorwurf der Blutschande von sich abweisen; gegen die Klage des unsittlichen Zusammenlebens mit einer Dirne überhaupt führt er höchst naiv an, er habe dieselbe mit andern Erbstücken seines Bruders zu Handen genommen, also geerbt.

Nach jenem Urtheilbrief wurde er um 2000 Kronen gebüsst, auch sollte er seines Amtes entsetzt sein und «sines Bruders huren von sich thun und Fürhin zu kheinen Erlichen Empter noch thätten gmeiner 3 püntten gebrucht werden». Endlich musste er noch schwören, dass er keinem der Richter dieses Urtheils wegen jemals etwas nachtragen wolle.

Der Beitag schützte sodann Salis insofern, als er die Frage an's Volk brachte, ob er als Landeshauptmann ausdienen solle oder nicht, und die Mehrheit der Gemeinden sprach sich in bejahendem Sinne aus.

Noch vor[1] dem genannten Herkules von Salis war ein anderer Salis, der schon genannte Baptista von Salis, vor das Strafgericht gestellt worden.

Dieser war in der Angelegenheit des Cellario nach Mailand geschickt worden und statt dessen Befreiung zu erwirken kehrte er als päpstlicher Ritter zurück. Die Erbitterung gegen ihn war so gross, dass viele mit «Ime wie mit dem Rezünser» handeln wollten[2]. Allein die Familie Salis hielt gut zusammen und rettete ihn[3].

---

[1] Schon am 2. April.
[2] Vid. Siml. Samml., wie auch die folgenden Notizen über ihn.
[3] „Der ist fürgangen mit grossem anhang siner Fründschaft, die Klag aber ist beschächen das er die botschaft von wegen Franzen Cäll. sel. der heymlich von Morben gefürt und zu Rom vom Bapst verbrennt, in Meiland nicht genugsam verricht und desshalb den Ritterorden empfangen habe und sonst untrüwe bewiesen habe. Deren ding er alle geläugnet, die botschaft recht ausgericht und den Ritterorden habe er nit begehrt."

«Er wurde um 2000 Kronen gebüsst; den Titel und Insignia der Bapstlichen Ritterschaft solle er verloren haben, endlich soll er zu keinen ämptern mer gebracht werden.»

Wir erfahren aber, dass Viele mit diesem Urtheil nicht zufrieden waren, sondern meinten, wenn «er so viel gethan, das Imm ein sömlich urtheil worden, söllte man wyter, wie mit dem Retzünzer geschritten syn, und des Retzünzer Verfründete habend sich merken lassen, Baptista habe diss und das gethan».

Der dritte Salis endlich, der vor das Stralgericht in Chur gestellt wurde, war Dietegen von Salis, der zuerst an der Spitze des Castelsergerichtes ausgezogen und hauptsächlich gegen Planta thätig gewesen war, dann aber nach Innsbruck floh, wo es ihm gelang, die Klagen gegen seine Amtsführung abzuschwächen. Nachdem der erste Sturm vorüber war, stellte er sich am 28. April vor das Stralgericht.

Beschuldigungen der verschiedensten Art wurden gegen ihn erhoben [1]. So z. B. «dass er vom vorig Müsser-babst zum Riter geschlagen und Pension von Imm gehept; das er in der Meylender Schlacht wider die unsern zogen [2]; das er vom Hispanier grosse Pension habe, dessglichen von Venedig etc. Er habe ein Eyd gethan, das er kein Gaben vom Franzosen gehept und habe aber zur Zyt der vereinigung vom König 200 Kronen empfangen» [3].

«Vom grafen Hanibal von Emps er ein verräther geschulten, habs nie ab Imm gethan. Er habe mit Praktiken amman Jansen zum Potestat zu Morbenn gemacht».

[1] Aufz. in (Zürich. Bibl. Breit). Siml. Samml.
[2] Unverständlich was da für eine Schlacht gemeint. Vielleicht die von Bicocca 1522. Möglich, dass Dietegen von Salis damals schon als kaum erwachsener Jüngling im Dienst seines Vaters kämpfte. Vgl. über Letztern, auch Dietegen mit Namen, Absch. IV I. a. pag. 116, 307 etc.
[3] Man sieht, man traut Dietegen zu, dass er mit Spanien, Frankreich und Venedig liebäugele, ebenso natürlich auch mit Oesterreich, dessen Beamter er ja war.

Trotz diesen Anklagen gelang es ihm, unter günstigen Bedingungen sich loszumachen, indem er blos zu einer Geldbusse von 500 Kronen verurtheilt wurde. Darauf hin seien dann, so berichten die Züreheraufzeichnungen weiter, die Richter von Disentis, Lax etc. «nitt me gesässen», offenbar weil sie dafür hielten, dass Dietegen, im Verhältniss zum Herrn von Rhäzüns, zu milde weggekommen sei.

In der That muss zugegeben werden, dass Johann Planta, wenn wir vom Bullenhandel absehen, im Verhältniss zu seinen Mitangeklagten gar nicht schwer kompromittirt dasteht.

In seinem Privatleben finden selbst seine Feinde wenig Anhaltspunkte zu Klagen, während mancher seiner Mitangeklagten uns einen trefflichen Einblick thun lässt in die «sittenreine, gute alte Zeit». Zwar wollen wir nicht vergessen, dass auch die Beschuldigungen gegen Diese von einem revolutionären Pöbelhaufen erhoben wurden. Jedenfalls aber konnte sich der obere Bund nach der Hinrichtung Planta's mit Recht über ungleiches Recht beklagen.

Es fehlte dem obern Bunde eben an irgend einer klar sehenden Führung, sonst wäre es ihm wohl ein Leichtes gewesen, auch von seinem Bundesangehörigen das Aergste fern zu halten, zumal wenn seine Fähnlein in gleicher Stärke, wie die aus den beiden andern Bünden vor Chur geblieben wären, statt das Feld der Gegenpartei völlig zu räumen.

Planta's eigentliche Heimat war eben das Engadin; der obere Bund betrachtete ihn noch nicht so recht als seinen Angehörigen.

Der Ankläger Planta's war ein Katholik, Namens Balzer, von Obervatz; sein Vertheidiger ein Protestant, Joh. Pol von Samaden. Moor lässt sich dadurch zur Ansicht verleiten, man wäre diesmal weniger tumultuarisch vorgegangen, als gewöhnlich, man hätte wenigstens die Formen besser gewahrt. Allein näher besehen, war auch das ein sehr schlauer Schachzug der Feinde Planta's. Es galt ja, dem Gericht möglichst den konfessionellen Charakter zu nehmen, um eine sofortige oder spätere Intervention der katholischen eidgenössischen Orte unmöglich zu machen.

Sodann wusste man, dass eine Vertheidigung in solchen Tagen der wildesten Aufregung völlig nutzlos war, auch wenn sie wirklich energisch geführt wurde; besonders wenn der Vertheidiger kein hoch angesehener Mann war.

Was Planta damals einzig noch hätte retten können, das wäre das Zurücktreten der Richter des obern Bundes gewesen; dann hätten sich die katholischen Orte der Sache annehmen können und würden die zwei andern Bünde nicht gewagt haben ein Todesurtheil auszusprechen.

So aber war Planta verloren. Das Urtheil gegen ihn lautete[1]: «so hat ein ersam gricht, von gmeinen 3 Pündten darzu verordnet und gesetzt, by dem Eyd erkennt und geurtheilt, dass Johann Plant, gewessner Herr zu Razüns, nit nach der streng gerächtigkeit, sonder nach grosser gnad und barmherzigkeit, auch nach grosser tringenlicher bit für inne gethan erstlich von einer erend botschaft etlicher Orten lobl. Eidtgenossenschaft, demnach des durchlüchtigsten Fürst, Ferdinandi Erzherzogen uss österych botschaft, auch viler andern fürtrefflichen eerend heimischen und fremden lüten, auch siner erlich freundschaft, siner Eefrauwen und Kind, so ist erkennt und geurtheilt, dass Johann Plant, gewesener Herr zu Razüns, so hir gegenwärtig stedt, den todt verschuld und das läben verwürkt, und alle sin haab und gut den Pündten verfallen und dass er dem nachrychter übergeben werde, wellicher ime sine händ binde, die rychstrass zum obern Thor uss zur Ziegelhüten, an die gewohnliche rycht stat füre etc.».

Egli schreibt an Bullinger am Todestage Planta's[2]: «Ihme ist grosse Gnad bewiesen; sonst was erstlich die Urteil gangen ihn unter dem patibulo enthaubten und vergraben. Dieses

[1] Siml. Samml. Aufzeichnungen über das mit Planta angestellte Verhör und sein Urtheil.
[2] Schreiben vom 31. März 1572. Siml. Samml.

ist aus grosser Bitt etlicher Boten und Fründschaften gemildert, dass man ihm das Haupt bey der Statt auf gewohntem Ort genohmen; ein grausam Volk verwahret ist sein Comitatus gesyn. Man hat ihm liberum gelassen, ein Prädikant oder Messpriester zu ihm zu beruffen. Noluit nos. Adhibuit sibi in Curia tamen sacrificulos. Postea rumor ac nuncii ad collegam venerunt: der Rh. begehre sein. Er ist aus erlaubnus judicis zu im gangen. Erst Wort ist gsin, dass er ihm verwiesen, dass er ihn dahin bracht habe. Rogavit: habet ihr mich nicht beschikt? R. Nein. Da habe er vor aller Getümel laut entschuldiget sich und uns und innen anzeigt, wie wir sie gewahrnet und von ihnen verachtet syn worden».

Wir sehen, Planta wirft Campell noch in den letzten Augenblicken seines Lebens vor, dass sie (die Prädikanten) ihn so weit gebracht hätten.

Sicher ist, dass es den beiden Churer Geistlichen hätte gelingen müssen, das Aergste von ihm abzuwenden [1] und vielleicht, wenn Planta noch im letzten Augenblick zum Protestantismus übergetreten wäre, hätten sie ihn nicht im Stiche gelassen. Darauf scheinen uns wenigstens fast die Worte hinzudeuten: «man hat ihm liberum gelassen, ein Praedicant oder Messpriester zu ihm zu berufen». Was soll bei ihm, dem gläubigen Katholiken, ein Prädikant?

Auffallend ist auch, wie derselbe Mann, der früher Planta's Schicksal so sehr beklagt (nämlich Egli), nun meint, ihm sei grosse Gnade erwiesen worden, also plötzlich einen ganz andern Ton anschlägt.

Jetzt galt es eben der Welt zu zeigen, dass man für seine Arbeit einzustehen wage [2].

---

[1] Egli freilich konnte sich nicht wohl regen, vielleicht selbst zu Gunsten Planta's nicht. Aus einem Briefe Egli's vom 31. März 1572 erfahren wir, dass die eidgenössischen Gesandten (der reformirten Orte) ihn schützen mussten, indem sie vor dem Pfarrhause Wache standen.

[2] Auch Bullinger, der früher möglichst abmahnende Schreiben an Egli richtete, meint nun plötzlich in seinem Schreiben vom

Daher bedrohte denn auch das noch Wochen lang fort amtirende Stralgericht Jeden mit Busse, der es wagte, zu behaupten, es sei Planta Unrecht geschehen. Die Prozessakten in Chur wurden vernichtet und so gelang es, Planta's Bild bedeutend zu entstellen.

Das beste Zeugniss stellt ihm wohl Campell aus, wenn er sagt: «Das richtige Urtheil über ihn hätten einige Evangelische gegeben, die, häufig mit ihm verkehrend, ihn zwar nicht von aller Schuld freisprachen, ihn aber eines vorbedachten Verrathes am Vaterland für unfähig hielten [1]».

Capitel VIII.

Schlussbetrachtungen.

Das Ende der durch die päpstliche Bulle hervorgerufenen Revolution.

Gegenüber einem solch milden Urtheile aus dem Munde eines Mannes, der persönlich zu den Führern der Gegenpartei gezählt werden muss, ist es um so unbegreiflicher, wie man Planta noch im XIX. Jahrhundert Hochverrath vorwerfen konnte [2]

Und wesshalb? Um schrankenloser Pöbelherrschaft, die

---

4. April: „Und habend imm die Pündtner fast rächt gethan, das sy die lähen ires landts dem Bapst zu Rom nit lassen wöllend. Was rächts hat er an ander lüthen lähen und gütern"?

[1] Campell II 496.
[2] Bott pag. 18.

wahrlich mit echter Demokratie nie etwas zu thun hatte, ein Loblied zu singen.

Wahr ist's, Graubünden ist die Wiege des Referendums[1], des Palladiums der Volksrechte unserer Zeit; allein gerade dies Palladium hat bei uns schwere Opfer gekostet und eine Ochlokratie wie sie von 1572—74, dann wieder 1607, 1613 und 1618 und mehr oder minder fast ein Jahrhundert lang in Graubünden herrschte, war anderswo in der Schweiz denn doch nicht so leicht zu finden.

Freilich zeigte diese ausgeartete Demokratie gerade in den gefährlichsten Zeiten eine bewundernswerthe Kraft und Ausdauer, eine unerschütterliche Widerstandsfähigkeit, und wir können sie bewundern, wenn wir, das Leben des einzelnen nicht achtend, unsere Augen nur auf die grossen Ereignisse jener Zeit richten.

Sobald wir aber tiefer hineinblicken und uns die Opfer alle besehen, des geheimen wie des öffentlichen Meuchelmordes, dann wird sich zur Bewunderung ein stilles Grauen gesellen und mit dem ersten Gefühle um die Herrschaft streiten.

Wenn wir den Charakter Planta's, seine Schuld oder Unschuld, sowie die Ursachen seines jähen Sturzes kurz zusammenfassen, kommen wir zu folgendem Ergebniss.

Planta war unstreitig der hervorragendste Staatsmann Graubünden's im 5. und 6. Dezenium des XVI. Jahrhunderts. Obwohl der alten Lehre aufrichtig ergeben, hat er auch in konfessionellen Angelegenheiten den Staatsmann nicht verleugnet und persönlich eine weise Mässigung walten lassen. So blieb es, bis jener neue Geist von Rom her wehte und zum Theil auch ihn erfasste.

---

[1] Stimmte man bei uns doch sogar ab, ob die begonnene Revolution ihren Fortgang nehmen solle oder nicht, ob Richtersprüche in Kraft bestehen sollten. Wir sahen ja, wie laut Beitagsbeschluss vom 2. Februar 1572 die Gemeinden angefragt wurden, ob man mit der gegen Planta ausgesprochenen Busse zufrieden sei, oder ob man, so hätte hinzugefügt werden sollen, in dieser Angelegenheit weitern Skandal zu machen gedenke.

Seine Handlungsweise hinsichtlich der Propstei zu Teglio ist vom katholischen Standpunkte aus sehr wohl begreiflich. Privathass gegen die Familie Salis mag dabei seine Schritte geleitet haben, und jedenfalls zahlten diese alle gegen sie geführten Schläge mit reichen Zinsen zurück.

Planta's Hauptfehler war ein grosser Starrsinn und eine echt bündnerische Rücksichtslosigkeit in der Wahl seiner Mittel.

Mittelbare und direkte Ursachen seines tiefen Falles waren ausser den genannten: seine eher schiefe Stellung im obern Bunde als Herr von Rhäzüns und noch nicht eingelebtes Bundesglied, sein persönliches Zerwürfniss mit den Prädikanten, ferner gegenüber dem gemeinen Volke sein beneidenswerther Reichthum, gegenüber den Grossen eine für jene Zeit gar zu gefährliche, ohne Revolution fast unanfechtbare, politische Stellung, sowie seine Beziehungen zu einem Papste [1], den die protestantischen Kreise in Graubünden als ehemaligen Inquisitor im Veltlin besonders hassten und endlich auch — und nicht zum wenigsten — Planta's Zerwürfniss mit der Familie Salis [2].

---

[1] So fassten es auch die Zeitgenossen auf. Egli schreibt am 24. März an Bullinger: Tragoediae illius, cujus Papa autor, Rhätiensis vero Dominus prima eius persona merito habetur cum filio suo simul.

[2] Bott nennt Planta einen Hochverräther (pag. 26), findet aber doch, er habe auch so viele Lichtseiten gehabt, um immer mit Auszeichnung genannt zu werden.
Diese Logik ist nur verständlich, wenn wir in Betracht ziehen, mit wem ihn Bott vergleicht. Mit Waldmann! Er will also Planta in die gleiche Kategorie stellen mit jenen aussergewöhnlichen Männern, die einerseits zwar uns abstossen, weil wir manche Thaten derselben unmöglich billigen können, uns auf der andern Seite aber auch wieder gewaltig anziehen, indem wir uns sagen, wie schuldig sie auch waren, sie stehen doch gross da. Solche Gestalten sind: Wallenstein, Waldmann, Jenatsch; Gestalten, die, wie sie sind, dem tragischen Dichter die vortrefflichsten Helden abgeben.
Planta hat mit solchen Männern einzig das tragische Ende gemeinsam. Er hat weder „der Ehre höchste Staffeln rasch ersteigen

Interessant ist noch ein Zeugniss, das «Schultheiss Landammann und Räth» der fünf katholischen Orte dem Johann Planta, auf Anregung seines Sohnes, des Domdekan Conrad Planta, im Jahr 1577 ausstellten. Wir lassen dasselbe im Auszuge folgen: «Wir Schulthaiss Landammann und Räth der V katholischen Orten löblicher Eidgenossenschaft bekennend und thun kund meniglichen hiemit, nach dem dan der Erwürdig edel und hochgelert unser sonders lieber Herr und fründ Conrad von Planta beider Rechten Doktor, beider löblichen Gstiften Chur und Basel Thumbherr und Burger der Stadt Luzern, demüthig an uns langen lassen und uns erinnert des leidigen falles und Entlibung so wylandt den Edlen und hochgeerten unsern lieben und gueten fründ Herrn Johannes von Planta beider Rechten Doctor und by Leben Herrn zu Ratzüns . . . . . ungfarlich vor fünff Jaren hievor leider begegnet, und diewyl dann derselbig sin lieber Herr und Vatter sällig sines verhoffens und ob Gott will um keiner

---

wollen", noch setzte er für eine grosse Idee sein Leben ein. Es fehlt ihm alles zum tragischen Helden, obschon allerdings die Anklagen, die gegen ihn geschleudert werden, einen solchen erwarten lassen. Ja, wenn er wirklich die kühne Idee gehabt hätte, dem Katholizismus in Graubünden zum Siege zu verhelfen, wenn er zu diesem Zwecke wirklich mit Oesterreich und Spanien in Verbindung getreten wäre, dann möchte jener Vergleich mit Waldmann zutreffen. Planta ist aber durchaus nicht der Mann für solche kühne Wagestücke, dazu ist er zu konservativ und sicher auch zu betagt; für solche Pläne braucht es jugendliche Kraft und Energie und nicht einen Greis, der Thränen vergiesst, als er Chur, wo er sich sicher fühlt, verlassen muss. Und wenn er so etwas erstrebt hätte, durfte er dann ruhig die Sache ihren Lauf nehmen lassen? Musste er dann nicht, wenigstens die Katholiken Bündens, so weit gewinnen, dass sie nicht im Zweifel geblieben wären, um was es sich eigentlich handle; musste er nicht mit den V Orten in Verbindung treten?
Nichts von allem dem geschieht. Die V Orte sind über die ausbrechende Revolution ebenso überrascht, wie er selbst. Zugleich ein Beweis mehr, wie wenig Planta daran denken konnte, die Vollmachten der Bulle zu benutzen. Hätte er dies beabsichtigt, so konnte er unmöglich so isolirt bleiben; so borniert war er nicht.

unerbaren oder kriminalischer sach, sonder fürnemlich In einer Hitz und empörung so sich wider ihne erhept von wegen einer päbstlichen Bull darin ihme etwas Gewalt und Befelch geben etc. (vor den zu fürstand der katholischen Kilchen etliche geistliche Güter und Pfründ) mit Gwalt gfänglichen ynzogen, pinlichen behandlet und letztlich leider mit dem Schwert vom Leben zum Todt gericht worden. So verhofft er, dass derwegen Ime doctor Planta säligen und sinen verlassenen Nachkommlingen sollches an ihrer alt hergebrachten Reputation und Eere unnachtheilig sin, auch inen zu keiner schmach gedacht werden, alle und diewyl er dann Thumdechant jetz malen raissfertig und villicht uss bewegenden Ursachen vorhabens syn leben usserhalb synem Vatterlandt zu verschliessen. Bat er uns ganz demütig, sitemal gedachter syn lieber Herr und Vater selig uns woll bekannt», und sie auch genugsam Bericht von ihren damaligen Gesandten in Chur hätten erhalten können, «das wir die selbig verhören und Imme dann hierumb glauplich Urkhund mittheillen wällen, damit er an Orten und enden da er und die synen unbekhant oder die sachen villicht anderst verstanden, sich dessen zu behelffen» etc.

«Und so nun wir soliches genanntes Herr Thumdechants pittlich füranbringen und verlangen verstanden, habend wir in Betrachtung, das kundschaft der Wahrheit dem Begährenden billich mitgetheilt und Niemanden versagt werden soll, hier Imme nit ermanglen wällen».

«Sagent und Bezügendt also vor Menglichen das wir den obgenannten Herr Doctor Johann von Planta säligen by Leben yeder zyt alls einen gutherzigen catholischen erlichen redlichen Mann erkannt und befunden, dessgleichen von obberürten unserer In Zytt syner entlybung zu Chur gewäsenen Ratts Gesandten bericht so vil vermerkt, das sy khein unerbar, schmählichen oder chriminalischer Thatt von Ime vernemmen können und dass die Bapstliche Bull die fürnembste Ursach synes Todes gewäsen Syge und dass auch in solcher Hitz und Ungestümmigkeit weder gmeiner Eydgenossen noch andrer fürsten und Herrn fürpytt verschiessen mögen etc.».

Dieses Zeugniss, sowie der Briefwechsel der katholischen Orte unter sich widerlegen vollständig Bott's Behauptung, dass die V Orte kein Herz gehabt hätten für Planta [1].

Sie führen während der ganzen Zeit, während Planta bedroht ist, einen sehr regen Briefwechsel und thun alles, um Planta zu retten. Freilich waren sie wohl insofern etwas gelähmt, als Zürich, der eidgenössische Vorort, ja protestantisch war.

Uri bemerkt desshalb auch treffend in einem Schreiben an Luzern [2]: «Jedoch bedunket uns nit fuglich, dass üwre und unser lieb Eidgenossen zu Zürich des Ortes wider Ir gmüt schriben söllten; sollte man auch warten, ob sy schriben welten oder nit, möchte es dem gueten Herrn von Ratzünss zu spat werden». Desshalb ist seine Meinung, dass man im Namen der V Orte schreibe.

Gleicher Ansicht ist Unterwalden [3], das vom Grafen Hanibal von Hohenems erfahren hat, «wie die Predikanten In pündten den gmeinen Mann wyder den Edlen Gestrengen und hochgelehrten Herrn Johann Planta, welcher der Alten Religion anhengig, verhetzen».

Schwyz gibt seine Ansicht auf folgende Weise kund [4]: «Doch so hätt uns auch gefallen, dass das schriben so gen Zürich geschikt wirdt, Inn einer andern form lutet, als ob es nit glaubens sachen antreffe, Sonder alles ob die so sich wider den Bischof Beathen gesetzt [5] gern etwas gefärliches wider gemelten Herrn von Rezünss und andere so mit gemelten Bischoff Beathen gsin, anstifften wollten».

Dieser Rath wurde befolgt und hatte jenes Schreiben Zürichs im Namen der sieben Orte zur Folge, dessen wir an anderer Stelle schon Erwähnung thaten.

---

[1] Bott pag. 28.
[2] Schreiben vom 12. März 1572. St. Luzern.
[3] Schreiben vom 13. März 1572. St. Luzern.
[4] St. Luz. Schreiben vom 13. März.
[5] Damals als die eidgenössischen Orte vermittelten. Vid. Kind pag. 150.

Wie sehr man damals eine Intervention der V katholischen Orte fürchtete, davon legt ein Schreiben Bullinger's an Egli Zeugniss ab; er berichtet am 21. März an Egli: «darby ich sorgen muss, das wenn die ort vernämend, dass man mit gwalt uss ist, sy boten schiken und vil verwirung, Gott wölle nit ergeres daruss erfolge». Dann frägt er noch an, ob, für den Fall, dass diese Boten der V Orte eintreffen, dann vielleicht auch Bern, Glarus, Basel und Schaffhausen die ihrigen schicken sollen. Es handelt sich also um eine Parallelisirung des Einflusses der Gesandten der V Orte.

Das geschah denn auch und zur Zeit der Hinrichtung Planta's waren die Boten der reformirten und katholischen Orte in Chur. Dass sie nichts ausrichteten, ist ganz begreiflich [1], war doch bei den reformirten Orten kaum ein zu grosser Eifer vorhanden, gegen das Urtheil des Strafgerichtes ihr Veto einzulegen. Die protestantischen Orte hatten die Instruktion, dafür zu sorgen, dass Planta nicht ohne Urtheil hingerichtet werde; das war aber auch alles, und die Katholischen konnten mit dem besten Willen zur Rettung Planta's nichts unternehmen, weil ja auch die katholischen Glaubensgenossen Rhätiens über ihn zu Gerichte gesessen waren.

So bewirkten denn ihre Gesandten im Verein mit andern, besonders dem österreichischen, wie wir wissen bloss, dass das Urtheil einfach nur auf Enthauptung lautete und nicht noch entehrende Nebenbemerkungen enthielt, wie z. B. es solle der Körper des Enthaupteten unter dem Galgen vergraben werden.

Hören wir zum Schluss Planta noch selber, wie er sich auf dem Beitage im Januar 1572 in Gegenwart Egli's ver-

---

[1] In einem zweiten Schreiben vom 31. März 1572 berichtet Egli folgendes: Diesmal steht der Handel so grob, dass auch die Eidgenossen nicht für den Rh. biten wollen. Selbst die Katholiken mussten ihn damals wohl verloren geben und die Protestanten hatten nie grossen Eifer gezeigt.

theidigt[1]: «Ehe ich aber dise meine rede (sagt Egli) und vermahnung nicht zu endbringen, fiel mir der Herr von Rezüns oft in die red, ich wil aber sein Antwort einandern nach setzen, wie ich es vermögen fassen».

1. «Erstlich zeigt er an, wie es ihn ja bedauert hätte, dass ich also gepredigt habe; dass man uns also zu Ilands oder anderswo im obern Bundt aufgahn lasse, und uns dräue wüsse er nicht, könne ihm auch kein glauben geben, er habe nie nüt gehört, wir sollend auch sicher seyn wann wir gleich dahin komind[2]».

2. «Demnach hat er sich weitläuffig aller schuld halben diser Bullen wollen verantworten und entschuldigen, wie er sich nammlich diser gar nit gehalten, gar nicht darnach geworben, was das seyn sölle dass darin stande, er wüsse nicht wer der Patriarch von Alexandria» etc.[3].

«Fragt auch mich, ich sölle ihm sagen, ob seine Vordern oder er und die seinen je aufruhren geweckt habend oder wider gemeine Land etwas fürgenohmen, er seye allwegen daran geseyn, wo aussenfür in der Eidgenossschaft (als der Herr von Cham[4] sel. wol Zeugen würde, wann er noch lebte)

---

[1] Schreiben vom 7. Januar. Siml. Samml.

[2] Egli antwortet: „hab ich geantwortet, mich nehme wunder, dass er mich allein anzuge; oder wer da seyt, dass ich ihn je ein aufrührer gescholten habe, ich habe seine persohn dergestalt ni verläumdet". Wir sehen, der Ton ist ein äusserst gereizter zwischen dem Herrn von Rhäzüns und dem Wortführer der Prädikanten. Vergleiche darüber unser Kapitel über die Stellung der Prädikanten.

[3] Planta beruft sich also immer auf die Bulle, wenn er behauptet, er habe derselben nichts nachgefragt. Thatsache ist, dass er für die Besitznahme der Propstei in Teglio eine Extraermächtigung besass (jene Breven); seine Feinde aber sprechen von derselben nie, sondern nur von der Bulle, weil dieselbe mehr Anhaltspunkte bot für Angriffe. Daher wohl auch jener Streit zwischen dem Herrn von Rhäzüns und dem Boten aus Bergell; er habe nicht auf Grund der Hauptbulle die Propstei zu Teglio angefallen, konnte Planta mit Recht behaupten.

[4] Planta war 1560 und 61 Vertreter des obern Bundes auf der

sich je etwas erhebt, habe er je und je zum frieden geholffen» etc.

Es erübrigt uns noch, diejenigen Ereignisse der Folgezeit, die mit Planta's Katastrophe im innigsten Zusammenhange stehen, in Kürze an unserm geistigen Auge vorüberziehen zu lassen.

Noch einmal, gleich nach der Hinrichtung Planta's, treten die Herrschaftsleute von Rhäzüns in bemerkenswerther Weise in den Vordergrund. Sie richten nämlich ein Schreiben an den Landesherrn, dessen Entwurf sich im Staatsarchiv in Chur befindet [1].

Darin bitten sie den Fürsten: «dass er ihnen kheinen dess geschlechtes oder derer fründschaft zu einem Herrn Erwellen, in besorgung sich glichfallz dess abgestorbenen gewallts underwinden und mit derselbigen Regierung gegen uns armen underthanen Fürfahren» etc. [2].

Wenige Jahre später aber haben die klagenden Rhäzünser ihre Meinung über die Familie Planta so vollständig ge-

---

Tagsatzung in Baden, als es sich um Beilegung des Glarnerstreites handelte. Absch. 115 IV 2 a.

[1] St. Chur. Schreiben der Unterthanen der Herrschaft Rhäzüns an den Landesfürsten. April 1572.

[2] Welcher Art die Hoffnungen waren, die die Rhäzünser an die Hinrichtung Planta's knüpften, erfahren wir aus einem Schreiben, das der Erzherzog von Oesterreich nach dem Ende Planta's an die Bünde schickte (vom April 1572, Siml. Samml). Derselbe sagt darin: „wir werden bericht, dass ihr des Vorhabens seyn söllent, weyland D. Planta Erben Ihres von weyland der Römisch. Kays. May. inhabender pfandschaft und unseres Eigenthums der Herrschaft Rezüns, auch anderer ihrer Güter gänzlich und gar zu entsetzen, wie ihr dann allbereit die felder und weingärten bauen lassen" etc. auch hätte er gehört, „man wolle selbst einen zu Rezüns als Landrichter und Ammann einsetzen".

Die Gerüchte, die Oesterreich damals zu Ohren kamen, sind offenbar übertrieben, aber es ist doch kaum zweifelhaft, dass die Herrschaftsleute sich Hoffnungen machten, sie würden nun besser gestellt werden. Das erklärt ihre Haltung gegenüber Planta zur Genüge.

ändert, dass sie zu Gunsten der Uebertragung der Herrschaft an seinen Sohn (den Doktor Johann Planta II, Herr von Rhäzüns von 1586 an) zwei Schreiben an Oesterreich absenden.

Damit haben sie am besten bewiesen, wie grundlos ihre Klagen gegen Johann Planta waren. Sie mochten inzwischen auch eingesehen haben, dass der Moment zur Erlangung grösserer Freiheiten noch nicht gekommen war, und sie mit Unrecht desshalb ihrem frühern Herrn gezürnt hatten [1].

So viel über Planta's Herrschaftsleute.

Wie der obere Bund oder dessen leitende Häupter die Auslieferung Planta's verstanden hatten, erhellt ebenfalls deutlich aus einem Schreiben seiner Behörden, kurz nach der Hinrichtung des Herrn von Rhäzüns, an die Gemeinden [2].

Auf keinen Fall glaubte man, dass es Planta an den Kopf gehe, indem man sich gesichert hielt, durch die Zusage der beiden andern Bünde, dass in gleicher Weise auch die dem Gebiete der letztern angehörigen Uebelthäter gegen das Staatswohl zur Verantwortung gezogen werden sollten.

Bitter beklagt sich das bezügliche Schreiben des obern Bundes an seine einzelnen Gemeinden, dessen Copie nach Zürich geschickt wurde über ungleiches Recht [3]: «Sy habend uns in mangerley weg versprochen und zugsagt, wie bald der Herr von Razünz überantwortet sye, glychfals die Iren auch zum Rächt stellen. Darum Sy uns gut brief und Sigel zugestellt» [4].

---

[1] Auch vereinigte der neue Herr von Rhäzüns damit nicht zugleich auch die Herrschaft Hohentrins, und jedenfalls lag in dieser Vereinigung immerhin eine gewisse Beunruhigung für die Angehörigen beider Herrschaften.

[2] Vergleiche damit Sicherheitsbrief der 2 Bünde für Planta vom 20. März 1572. St. Chur.

[3] Siml. Samml.

[4] Eine ganze Woche lang lieferte der obere Bund Planta nicht aus; am 17. März war er nach Egli's Bericht (Siml. Samml.) schon in

Davon hätten sie aber wenig gehalten, denn wohl haben sie die Ihren um 2—3000 Kronen und auch «an glimpf und Eeren» gestraft, aber keineswegs sie gefoltert.

Dann beklagt sich das Schreiben auch darüber, das Gericht behandle Sachen, die ihm nicht zustehen, «daher ist unser will und meinung, das sömlich gericht mit dem Rächten wider diejenigen, so von gmeinen 3 Pündt Rädt citirt worden, fürfarend und Sy Irem verdienen nach strafind, und sunst in andern Händlen nit wyter handlend».

Der obere Bund versteht unter den Sachen, die ihm zu behandeln nicht zustehen, offenbar die vielen Privatklagen gegen einzelne Personen, die, nach seinem Dafürhalten, jeder einzelne Bund zu strafen hat. Es fährt nämlich das Schreiben fort:

«So aber jemandts gefällt hätte in unserm Pundt, das dann ein gemein Rächt, lut des Pundesbriefs gesetzt, und ein jeder nach seinem verdienen gestraft werde; denn so die unsern von den gmeinen 3 Pünden gstraft wurdent, wurdend die andern zwen Pündt ir gebürende Teyl, wie billich haben wellen, und die so in der gerichten Pündt gestraft wurden fiele dasselb gut dem Landesfürsten zu und gmeinen 3 Pündten [1], und wärend desshalb die Spyss nit glych lang, sund. wider unser Fryheit und gerechtigkeit».

Als das Strafgericht Mitte April wieder zusammengetreten war, dachte der obere Bund ernstlich daran, seine Richter aus demselben ausscheiden zu lassen. Egli hat darüber nach

---

Laax verhaftet worden, und erst am 23. wurde er eingeliefert. Offenbar that erst der Geleitsbrief vom 20. März seine Wirkung und nicht etwa der Bundestagsbeschluss vom 11. März 1572.

[1] Dem Landesfürsten fielen jedenfalls damals im Zehngerichtenbund noch alle Gerichtsbussen zu. Wenn nun das Strafgericht Bussen aussprach über Vergehen gegen gemeine drei Bünde und solche, die vor den gewöhnlichen Richter gehörten, so war das allerdings principiell ein Unsinn; allein zu Streitigkeiten über die Vertheilung der Bussen kam es wenigstens nie, weil dieselben immer verwendet wurden, die Schulden, die die zusammengeströmten Fähnlein gemacht hatten, zu tilgen.

Zürich geschrieben[1]: «Uf disen 18. tag söllend kommen syn boten uss dem obern Pundt, die sollind anzaigen wollen, das Ire Herrn Ire Richter abmanind, diewyl sich das gericht Sachen annemme, die Imm nit bevolchen. Wer von den Ihrigen etwas wolle, möge kommen und klagen etc.».

Fragen wir uns desshalb, unter welchen Bedingungen denn überhaupt ein Bündner vor das Forum gemeiner dreier Bünde citirt werden konnte; denn diese sogenannten Strafgerichte, die plötzlich im XVI. Jahrhundert auftauchen, — und gerade so alt sind wie die Parteien — sind ja keineswegs rein revolutionäre Institute, d. h. sie sind wenigstens durch Bestimmungen in Bundesbriefen ausdrücklich sanktionirt.

Ursprünglich konnte in Graubünden allerdings Niemand durch ein Gericht gemeiner dreier Bünde bestraft werden. Die alten Bundesbriefe setzen fest, dass sich ein jeder Bündner gegen den andern «rechtens benügen lasse an den Enden dan Jeder Sesshaft ist»[2].

Aber schon 1524 erfolgte eine Extra-Bestimmung mit Bezug auf Vergehen gegen alle drei Bünde: «So aber ein besunder gemaindt ald sonder personen gegen gemainen dry pünthen in recht kement, so sol man denselbigenn ein richter setzen an dem ortt, do die tagsatzung ist, und von yedem pundth zwei ald dry unparthysch mener, von denen soll söllich recht erkennt und gefertiget werden».

Im Jahr 1570 kam sodann der sogenannte Kesselbrief zu Stande, von dem wir bei anderer Gelegenheit schon sprachen.

Johann von Planta hatte viel dazu beigetragen, dass derselbe vom Bundestag als gemeinsames Landesgesetz anerkannt wurde; schien es doch, derselbe würde hauptsächlich die Familie Salis treffen. Die Salis empfingen ja als französische Parteigänger am meisten «miet und gaben»; denn Spanien hatte nur Grund, jedes Mal bei der Erneuerung des franz. Bündnisses mit voller Hand seine Gelder auszustreuen,

---

[1] Siml. Samml.
[2] Vid. Bundesbrief von 1471. Jeklin pag. 60.

um Frankreich womöglich den Rang abzulaufen. Wenn dies aber misslungen war, verhielt es sich ziemlich ruhig.

Nun hiess es in diesem Briefe auch[1]: «So und aber ein Obrigkeit Gericht und gemaindt die sinen nit straffen welt, in der gestalt, wie obgeschrieben ist, dan sol doch dieselb Obrigkeit, Gericht und gemaindt schuldig sin by ieren geschwornen Eidten, soliches sinem pundt anzugeben; dan sol der selb pundt straffen, wie oblutt. So aber ein pundt söliches auch nit tuon welt, dann sölendt die andren pünth datzuo tuon und ein Straffgericht setzen und die ungehorsamen an Er und guot straffen etc.».

Das Résumé dieser gesetzlichen Besimmungen ist also das folgende: Wenn ein Bund sich saumselig zeigte, so durften die drei Bünde einschreiten und ein Strafgericht niedersetzen[2].

Es liegt daher auf der Hand, dass der obere Bund Planta keineswegs hätte ausliefern müssen, sondern ihm selber ein Gericht hätte stellen dürfen.

Wenn er es trotz dieser ausdrücklichen Gesetzesbestimmung nicht that, so ist da jedenfalls bereits der Einfluss der bewaffneten Schaaren vor Chur spürbar, auch mochte es schwer sein, im obern Bunde gegen den einflussreichen Mann ein Strafgericht zu Stande zu bringen. Endlich waren schon eine Anzahl Strafgerichte abgehalten worden, die Männer aus allen drei Bünden vor ihr Forum zogen. Freilich war dies ein grosser Fehler, ganz besonders seit der Reformation, indem Strafgerichte im Gotteshaus und Zehngerichtenbund auf diese Weise schonungslos gegen religiöse Gegner der Reformirten vorgehen konnten.

Auf jeden Fall gehörten Privatklagen nicht vor diese Gerichte aller drei Bünde (wie z. B. die Klage gegen Planta, dass er als Advokat zu viel Geld bezogen) und hatten die bezüglichen Klagen des obern Bundes ihre volle Berechtigung.

---

[1] Jeklin pag. 115.

[2] Und zwar geht dies eben schon aus den Bestimmungeu des Kesselbriefes hervor und nicht erst aus denjenigen der bundestäglichen Schlussnahmen von 1572, vergl. Jeklin pag. 112.

Verweilen wir noch einen Augenblick bei diesen sogenannten Strafgerichten, die in der Geschichte Rhätiens während mehr als hundert Jahren eine so gewaltige Rolle spielen.

Wir haben schon erwähnt, an und für sich lag nichts Revolutionäres in denselben, und das Bedürfniss, einen obersten Gerichtshof für Staatsvergehen zu haben, war wirklich vorhanden. Wenn auch wirkliche Fälle von Hochverrath vielleicht schwer zu finden sein möchten, trotz den verschiedenen Verurtheilungen unter diesem Vorwande, so lagen doch strafbare Handlungen mehrmals vor.

Es ist das sehr natürlich; ein Staat, der so viel mit dem Ausland in Berührung kam, musste der Gefahr einer Korruption ausgesetzt sein, und diese Gefahr war selbstverständlich um so grösser, je weniger man sich fürchten musste, zur Rechenschaft gezogen zu werden.

Nun gab es aber in Graubünden keinen «ständigen» Rath, der in dieser Beziehung das Staatswohl überwachen konnte. Daher wäre es gewiss sehr im Interesse einer unparteiischen Rechtssprechung gewesen, wenn ein eigenes Gericht für Staatsverbrechen da gewesen wäre, das unabhängiger vom Parteigetriebe, als Beitag und Bundestag, Recht gesprochen hätte.

Ohne Zweifel aus solchen Erwägungen ist denn auch die Gewohnheit herausgewachsen, in diese Strafgerichte ausschliesslich Männer zu wählen, die, im Momente wenigstens, allen öffentlichen Aemtern fern standen. Aber gerade das musste diese Gerichte völlig zum Spielball der revolutionären Pöbelhaufen machen.

Denn wer waren jedesmal die Richter, die über Leben und Tod der hervorragendsten Staatsmänner absprechen konnten? Männer, die sich dem Volke während des Aufruhres als lauteste Sprecher gegen die Angeklagten bemerkbar gemacht hatten, die «Fähnliträger», kurz, erklärte Feinde der Angeklagten [1].

---

[1] Es tauchen gerade in den Unruhen von 1572 Versuche auf, ein regelmässig zusammentretendes Strafgericht zu schaffen. Es

Eine schlimme Beigabe der Strafgerichte waren sodann natürlich die sogenannten Gäumer. Dadurch musste jedes Strafgericht noch den letzten Rest von Unabhängigkeit verlieren.

Finden sich nun, wie gesagt, für die Einberufung eines Strafgerichtes gesetzliche Bestimmungen, so sind gegentheils die bewaffneten Zusammenströmungen auf's strengste untersagt.

Aus dem Jahr 1551 stammt ein bezügliches Gesetz aller drei Bünde [1], das verlangt, «dasz Niemand ohne Erlaubnisz auf die Gemeinden fahren solle», um Aufruhr zu stiften und wer das doch thäte, solle gestraft werden an «lyb, leben, eer und guot alwegen nach schwere und grösse des frävels ernstlich on alle gnad [2]».

Dennoch finden wir auch nicht eine Spur, dass man je von oben herab versucht hätte, Urheber von Aufständen zu strafen, wesshalb es sehr natürlich ist, dass die Gegenpartei womöglich wieder zu einem Strafgerichte ihre Zuflucht nimmt; auch sucht etwa ein Strafgericht die Sentenzen des andern aufzuheben und zu mildern

---

lautet ein diesbezüglicher Beschluss des Beitages vom 9. Juni 1572, (vid. Staatsarchiv Chur): „ob man alle 6 Jar von gmeynen dryen pünthen ein gericht halten wolle die bestwürdigen zu straffen, diser artigkell ist einhellig annulliert, sonder zu welcher Zytt yemant straffwürdig were, so sollen ein yedes gricht die synigen straffen und so dasselbig gricht sümig, so soll derselb punth oder gmeyn dry pünth sy straffen".

Es ist ganz selbstverständlich, wenn alle 6 Jahre die Richter für ein Strafgericht, das die Bestwürdigen hätte strafen sollen, gewählt worden wären, so wäre dadurch Graubünden in fortwährenden Aufruhrzustand versetzt worden; wenn die Richter aber z. B. für je sechs Jahre zum voraus gewählt worden wären, und dann sich versammelt hätten auf die dringenden Mahnungen mehrerer Gerichte, wäre man vielleicht nach und nach zu einem etwas weniger revolutionären Gerichte gekommen.

[1] Jeklin pag. 107.

[2] Gleiche Bestimmungen enthält auch der bekannte Dreisieglerbrief von 1574, also unmittelbar nach und in Folge des plantischen Aufruhrs erlassen.

Uns ist in der Weltgeschichte ein ähnliches Treiben, das sich über einen so langen Zeitraum erstreckte, einzig bei den Griechen bekannt [1].

Werfen wir zum Schluss noch einen Blick auf das Schicksal der nächsten Verwandten Johann Planta's.

Sein Sohn, der Domdekan Planta, floh gleich bei Beginn der Unruhen zu den Eidgenossen und that dort alles, um seinen Vater zu retten [2]. Ebenso machte es Konrad v. Planta, der Bruder des Herrn von Rhäzüns. Beide wurden am 20. April in contumaciam verurtheilt.

Der Domdekan Konrad Planta war angeklagt, er sei die erste Ursache jener Unruhen gewesen, indem auf seine Ver-

---

[1] In der That sind es denn auch ähnliche Verhältnisse, in welchen beide Völker, obwohl zeitlich durch zwei Jahrtausende geschieden, lebten. Beide haben einen grossen Freiheitskrieg mit ausserordentlichem Glücke bestanden. Das Selbstvertrauen ist dadurch so sehr gestiegen, dass es in Ueberhebung ausartet. Das Söldnerwesen öffnet jeder Korruption Thür und Thor; steigende Geldgier verleitet zu Unredlichkeiten; geschickte Demagogen, des Volkes Schwächen kennend, reissen es weiter auf dieser Bahn. Aus wohl geordneten, durch eine Anzahl trefflicher Männer geleiteten aristokratischen Republiken, die soeben noch das höchste geleistet, werden demokratische Gemeinwesen; aber die Demokratie artet nicht selten in schrankenlose Ochlokratie aus, die von Zeit zu Zeit über die bedeutendsten Staatsmänner zu Gericht sitzt, um ihr unbarmherziges schuldig auszusprechen. Diese Demokratie hat die griechischen Staaten den makedonischen Königen mit gebundenen Händen überliefert, Rhätien an den Rand des Unterganges gebracht. Man braucht sich gegen die Erkenntniss dieser historischen Wahrheit nicht zu sträuben; sie sagt ja nichts gegen das Wesen der Demokratie überhaupt; es waren ja blos die Geburtswehen derselben, die die beiden Völker so schwer zu tragen hatten.

So war Graubünden z. B. damals für das Referendum ganz und gar nicht reif, wie sich gerade in diesem Aufstande von 1572 zeigte.

[2] Schwyz schreibt am 27. März an Luzern: „Uff hüt ist vor uns erschienen der Erwürdig geistlich Herr Conrat Planta, doctor beeder Rechten und thum dechan zu Chur, Und uns der Lang nach bericht, wie die Bergeller und Ir Anhenger Sin Vatter mit gewaffneter hand überfallen über alles Recht etc.". St. Luz.

anlassung hin sein Vater jene Bulle erhalten habe; ferner habe er im Verein mit seinem Vater bei diesem Anlass und früher Briefe verfasst, die nach Mailand und Rom bestimmt waren und die zum Verderben des Landes gewesen wären.

Auch der Bruder des Herrn von Rhäzüus war angeklagt, er habe denselben mit Rath und That bezüglich jener Propstei unterstützt.

Welcher Art das erste Urtheil gegen beide war, erhellt aus Campell nicht. Aus einem Schreiben Konrad Planta's (von Fideris) an Luzern [1] aber erfahren wir, dass es für ihn ebenfalls ein Todesurtheil war, für den Fall, dass er nicht innert 8 Tagen sich persönlich dem Gerichte stelle. «habend sy unerfordert, uncitirt, umb Lyb und guett verfellt, im fal ich nit in 5 tag [2] mich persönlich erschein etc.».

Gleich lautete jedenfalls auch das Urtheil gegen den Domdekan.

Bald darauf löste sich dieses Strafgericht auf und es trat ein neues im Juni in Chur zusammen unter Vorsitz des Burgermeisters von Chur, Stephan Willi. Vor dieses stellte sich Konrad Planta, nachdem ihm der Bundestag selbst sicheres Geleite zugesagt hatte [3]. Er wurde um 1000 Kronen gebüsst.

Der Domdekan Konrad aber scheint Bünden nicht wieder betreten zu haben. Er wurde, wie wir schon vernahmen, Bürger von Luzern, wie auch sein jüngster Bruder.

Jedenfalls gelang es ihm, einen Theil seines Vermögens zu retten [4].

---

[1] Vom 21. April. St. Luz. 1572.

[2] In acht Tagen heisst es in der Antwort des Strafgerichtes in Chur an die V Orte vom 27. April. St. Luz.

[3] Es wurden dabei die Gemeinden angefragt: „Hieruf hatt man alle mehr der gmeynden zusammen tragen und so hat man befunden im punth und gotshuss, daz man im das gleydt zu und ab dem rächt geben wolle etc.". Absch. v. 9. Juni.

[4] Im Luzerner Rathsprotokoll N. XXXIII (1574—1575) heisst es: „1575 freitag vor Philipp und Jakobi: Erschinen der edel erwürdig

Das Urtheil gegen Johann Planta lautete, wie wir wissen, auch auf Konfiskation von dessen gesammtem Vermögen.

Als aber im Juni der Bundestag zusammentrat, wandten sich die Kinder Planta's an denselben mit der Bitte, es möchte ihr Vermögen nicht eingezogen werden, und bis zum Austrag der Sache möchte man ihnen die «schlüssel» (zum Schloss Rhäzüns) wieder überantworten, «sampt allen gschryfften».

Die Gemeinden wurden über das Begehren der Planta angefragt und sie sprachen sich folgendermassen aus: «Diewyll man aber ursach gehapt gegen den Herrn von ratzüns das die sach dahin gerathen, So vermeint man syn hab und gutt sy gmeynen landen gefallen nach lut ergangener urthell. So aber ein ehrliche fründschaft khomen werde und begeren sich mit gmeynen landen umb die kosten zu vereinbaren, so solle man mit inen ein gütigklich versuch thun. Schlüssel und brieff zur Herrschaft soll man ihnen (den Planta) einstweilen geben.

Wir sehen, die grösste Leidenschaft ist schon vorüber, die Stimmung gegen die Familie Planta bedeutend milder. Immerhin ist sie noch ein ganzes Jahr lang grossen Schwankungen unterworfen.

Im November 1572 beschloss der Beitag «dz. man Männer

---

geistlich Herr Conrad von Planta sammt seinem jüngsten Bruder Jacoben von Planta und gebäten, dieweil er seinen jungen Bruder nirgends lieber sehen möchte, als allhie an einem kath. Ort, zu welchem er mittlerweil ein hübsch Gut verzinsen wollte und sonderlich er Domdecant sines guts jetzmalen an die 1500 Gulden hieher gefürt, um sie durch einen Procurator hier an katholische Personen gegen billichen Zins in ewigen Gülten angelegen". Er bittet sodann seinen Bruder als Bürger anzunehmen und verspricht, wenn sein Bruder im Studium und in der katholischen Religion so fortfahre, er dann demselben „sein Gut für ledig und los schenken wolle".

Später war er, wie wir bereits erfahren, reisefertig, um sein Leben ausser Landes zu beschliessen.

¹ Absch. vom 20. Juni 1572. St. Chur.

solle ernenen die des H. selgen gutt und glichfals des Dumbdechan gutt angriffen und In synen handen nemen sollen [1].»

Diesen Vögten wurde aber kein Gehorsam geleistet, wie aus dem Abschied des Bundestages vom 13. Januar 1573 ersichtlich ist und als man desshalb [2] «die mher der gmeynden zusammen getragen, So ist hieruff wytter mit dem mheren erkhent, diewyll dergstalt mit den Vögten gmeynen landen ein unseglichen grossen kosten uflaufft, und man dergstalt zu kheinem endt khomen mag, auch in ansechung der eydgnossen pytt und fürgschrift, So solle man ein versuch thun früntlichen und gütigklichen mit den erben abzukhomen etc.».

Die Planta antworteten: «daz man in ansechung auch der HII. Eidgenossen fürpytt an dem vergossenen blut ersetiget syn und die bekhümberte witwe und waysen unbeleydet wolle lassen, So aber das nit syn mochte, wollen sy sich gern in gepürliche etc.».

Dann erklärten sich die Planta bereit, jedem Bund 2000 fl. («thut 6000 fl.») und noch weitere 1000 fl. zu zahlen.

«Hieruff ist erkhent diewyll es wytt mit dem mehren der gmeynden befunden, daz man gütigklich mit den erben abkhomen solle, So wolle man die 7000 als obstat anemen.»

Von den Gemeinden sprachen sich 35 dafür, 22 dagegen aus und 7 wollten nichts zu thun haben mit dem Abkommniss überhaupt.

Noch einmal brach nun der Sturm gegen die Familie Planta los. Wieder, wie im Jahr vorher und wieder das Bergell voran, strömten die Fähnlein nach dem Schloss Rhäzüns und dann nach Chur; der Zweck war, das frühere Urtheil gegen die Planta aufrecht zu erhalten.

Diesmal meint Campell selbst, der Tumult sei ein Werk einzelner Schreier und Unruhestifter gewesen und jeder

---

[1] Absch. v. 17. Nov. 1572. St. Chur.
[2] Absch. vom 13. Januar 1573. St. Chur.

Bessere hätte aus Furcht, selbst verdächtig zu werden, schweigen müssen [1].

Der Rath der Stadt Chur schreibt am 6. März 1573 an die Eidgenossen [2]: «So ist auch solliches alles uff die gmeynden ussgeschryben und wytt mit dem mehren sich befunden, das man in ansechung bemelter unser gethrüwer lieber Eydt- und pundsgenossen fründlich fürpitt und anderer ursachen mehr mit gedachter Planta erben des guts halben gütigklich um ein genante Suma abkhomen solle. Sytemall aber etliche sonderpare Gemeinden unser landen hierin nit bewilligen wollen, auch mit ierer meynung khein mehr nit machen mögen, So haben dieselbigen sich mit einander berathschlaget, das sy solliches alles nit gelten wellent lassen, haben auch ier botten in alle Gmeynden schier allenthalben ussgesandt, dieselben viler solchen beredende; da aber mehrtheillen mit kheiner warhytt bewysen mag werden (von dem was sie vorbringen) und sy also ein mher in pünthen machen mögen, das der mehrentheyll zu inen stan will, So sind sy abermals vorhabens mit fenli weer und waffen ufzesyn und also für unser Statt zu ziehen. Und wiewoll gmeyner dryen pünthen räth in alle Gmeinden ussschryben lassen und sy berichtet wie alle sachen verloffen, auch was gehandelt sy worden, mit vermanung, das man solchen unrhuwig personen die mher uff das endliche Verderben dan uff gmeyner unsser landen fryheitten gedenkhen in ieren falschen fürträgen khein glauben solle, so machen obgemelte Botten schier allenthalben das mher», so dass man überall bereit sei, mit ihnen zu ziehen.

Am 18. März schrebt Chur an die 7 Orte [3], die bereits zusammengeströmten Fähnlein hätten die andern «ermant und an sy begertt dass sy zu inen züchen, wo nit wollen sy dieselben holen».

---

[1] Campell II pag. 511.
[2] Schreiben vom 6. März 1573.
[3] St. Z. Schreiben vom 18. März 1573.

Das war die wirksamste Drohung, um auch die heftig Widerstrebenden zum Auszug zu bewegen und es ist daraus ersichtlich, wesshalb alle Gemeinden sofort folgen, wenn eine aufbricht. Das zuerst aufgebrochene Fähnlein macht in der Nachbargemeinde Halt, lässt sich's da sehr wohl sein und die letztere, will sie nicht in kurzer Zeit völlig «ausgegessen (resp. getrunken) sein», muss wohl oder übel folgen. Es ist daher gewagt, aus dem Umstande, dass in 24 Stunden schon die Mehrzahl der Fähnlein vor der Hauptstadt sind, den Schluss ziehen zu wollen, eine tiefe Erbitterung, ein lang zurückgehaltener Groll müsse schon allenthalben vorhanden gewesen sein.

Wenn früher angeführte Beweisgründe, sowie die Beobachtung, dass immer das Bergell zuerst zu den Waffen greift, nicht genügend die Führerschaft der Salis dokumentiren würden, so haben wir dafür wenigstens mit Bezug auf den oft genannten Dietegen von Salis einen Beleg in einem Schreiben des Landvogtes von Sargans an Glarus[1]: «So ligt Landvogt Dieteg von syner zwei Todschlegen wegen zu Pfäfers In der fryheit» ..... und weil er zudem rücksichtlich der vergangenen Unruhen «schier aller dingen ein ursächer, kan ich nit gedenken, dass man ihn in der Freiheit lasse».

Nachdem also wieder beinahe dieselben Fähnlein des Gotteshausbundes und der zehn Gerichte zusammengekommen waren, ging es natürlich sofort wieder an die Niedersetzung eines Strafgerichtes.

Dasselbe trat in Thusis zusammen[2] und wieder hielten sich einige Fähnlein in der Nähe auf, um, wie Campell diesmal selbst zugesteht, das Gericht in Schrecken zu erhalten.

Die Eidgenossen schickten wieder Boten und drohten

---

[1] St. Zür. Schreiben vom 13. März.

[2] Der Obere und der Gotteshausbund einerseits und der Zehngerichtenbund anderseits stritten sich darüber, wo das Strafgericht abgehalten werden sollte.

das Bündniss zu kündigen; aber auch diesmal waren alle Vorstellungen vergebens.

Konrad Planta von Fideris wurde um 8000 Kronen gebüsst, Baptista von Salis um 3000, und Verbannung gegen sie ausgesprochen, und weil sie geflohen waren, wurde Jedermann aufgefordert, sie zu ergreifen; ebenfalls mit Verbannung und mit 200 Kronen Busse wurde der Comissari Balthasar Planta bestraft. Und doch konnte man keinem der genannten drei etwas neues zur Last legen. Allein schon die Flucht vor dem sinnlosen Pöbelhaufen galt als Verbrechen [1].

Hinsichtlich des Vermögens des Johann Planta kam man neuerdings auf den Beschluss des Strafgerichtes in Chur zurück. Doch sollte das Frauenvermögen ausgenommen sein.

Anfangs Juni endlich löste sich das Strafgericht auf. Als dann im folgenden Monat in Chur der Bundestag zusammentrat, gelangten an ihn von allen Seiten Klagen gegen das Thusner Strafgericht und energisch verlangten die Verurtheilten Aufstellung eines neuen, unabhängigen Strafgerichtes und die Boten der 13 Orte unterstützten sie.

Niemand aber fällt es ein, auch nur den Versuch zu machen, durch Bei- oder Bundestag die Sentenzen des Thusner Gerichtes zu nichte zu machen. Dann musste man ja wieder an die Gemeinden gelangen und dann war für die Unruhen kein Ende abzusehen. Das einzige Kampfmittel blieb immer ein neues Strafgericht.

In Chur trat dasselbe zusammen. Der Vorsitzer des Thusner Gerichtes, Nikolaus Noll, sowie dessen Schreiber wurden für ehrlos erklärt [2], und erst 1577 von den Gemeinden begnadigt.

Die Erben Johann Planta's kamen endgültig mit 10,000 fl. los und entsprechend wurden auch die Strafen anderer Angeklagten ermässigt.

---

[1] Die übrigen Verurtheilungen interessiren uns weniger.
[2] Man beschuldigte sie der Unterschlagung empfangener Strafgelder.

Damit haben wir die wichtigsten Ereignisse, die im unmittelbaren Zusammenhange mit der Hinrichtung Johann Planta's stehen, erschöpft.

Wie sehr man übrigens fühlte, zu weit gegangen zu sein, drückt der Dreisieglerbrief vom Jahr 1574 in klarer Weise aus. «Nach dem kundt und offenbar, dasz sich leider ein zit här ein nüwe unerhörte und vormalen nie gebruchte Unruow» etc.

Mit der Hinrichtung Planta's beginnt die dunkelste Periode rhätischer Geschichte, oder besser gesagt, es ist dieselbe die Einleitung zu den eigentlichen Bündnerwirren, zu den Wirren, die während der Zeit des dreissigjährigen Krieges unser Vaterland erschütterten. Und wir sprechen es nochmals aus, die provozirende Partei ist in Rhätien, seit der Mitte des XVI. Jahrhunderts und früher schon, oft die protestantische.

Mit der Hinrichtung des Abtes von St. Luzi (1529) war die katholische Partei bereits schwer getroffen worden. Allein diesen hatte keine hochangesehene Familie zu rächen, wie dies bei Planta der Fall war.

In Johann von Planta hatte man nicht blos das Haupt der Gegenpartei, den Syndikator des h. Stuhles, unschädlich gemacht, man hatte vielmehr auch eine Familie zum Kampfe bis auf's äusserste herausgefordert, die, nach wie vor, zu den angesehensten gehören musste.

Das geben wir einem unparteiischen Beurtheiler der Personen und Verhältnisse des XVII. Jahrhunderts bündnerischer Geschichte zu bedenken.

Druckfehler.

Man lese:

pag. 4, Zeile 20 v. oben: **italienische** statt protestantische;
„ 13, unterste Zeile: **1873** statt 1870;
„ 27, Zeile 19 v. oben: **Thäten** statt Thätern;
„ 61, „ 4 „ „ **des** „ das;
„ 61, „ 8 „ unten: **ninicht** einicht.